album photos

Claude François

CHRISTIAN
DELANGE
Photos JEAN-LOUIS RANCUREL
avec la collaboration de PHILIPPE BARBIER
ET JACQUES MOREAU

éditions
PAC

Propriété des Imprimeries Delmas
Collection « Grand Ecran »
dirigée par Francis Le Goulven
3, rue Saint-Roch, 75001 Paris
Tél. : 261.50.17

A Laurence...
Une petite fan de neuf ans.

INTRODUCTION

Quelques semaines après l'enterrement de Claude François dans le petit cimetière de Dannemois, certaines personnes très sûres d'elles affirmaient que, désormais, on n'entendrait plus jamais parler de ce chanteur qui avait obtenu énormément de succès mais qui allait être oublié aussi vite qu'il était apparu dans le showbiz. Bien sûr, son dernier disque allait se vendre mais après, ce serait probablement le néant : Claude François disparaîtrait définitivement.

Ces personnes sûres d'elles savaient qu'elles ne pouvaient pas se tromper : d'autres vedettes avant Claude, qui elles aussi avaient eu un fantastique talent, étaient oubliées depuis longtemps. Quel journal continuait à parler de Maurice Chevalier, voire même de Mariano ou d'Edith Piaf ? Quelle station de radio poursuivait la diffusion de leurs chansons ? Quels clients des disquaires achetaient encore leurs 45 tours ? Oui, bien sûr, il y avait de temps en temps une émission en souvenir de ces chanteurs, ou bien un reportage qui leur était consacré. Ce serait la même chose pour Claude François...

D'autres trouvaient ces affirmations bien hasardeuses, certains que Claude n'avait jamais été une vedette comme les autres, et qu'il ne serait pas oublié avant très longtemps encore. Ainsi, au cours des quatre mois qui ont suivi sa mort, il ne s'est pas passé une seule journée sans que les trois grandes stations de radios périphériques, R.T.L., Europe I et Radio Monte-Carlo, ne diffusent une ou plusieurs chansons de Claude. Jamais de son vivant on ne l'avait entendu aussi fréquemment ! Sept grandes émissions de variétés avec Claude François ont été programmées par la télévision au cours de l'année suivante, sans parler de nombreuses séquences-souvenirs projetées dans d'autres émissions, comme celles de Guy Lux par exemple.

Aujourd'hui, Claude n'est toujours pas oublié. Les magazines destinés aux jeunes continuent de publier régulièrement des articles sur lui, sur ce qui a été son métier, sur ses enfants. Avec Johnny Hallyday, il a été le plus grand phénomène de réussite du show-business, faisant naître derrière lui un véritable mythe national. Un autre chanteur exceptionnel, Mike Brant, avait commencé par conquérir ses galons de star en 1972. Mike était né lui aussi un 1er février... Claude comme lui allait disparaître tragiquement. Tous deux étaient beaux, admirés par des milliers de fans. Tous deux sont morts en pleine gloire.

Claude est pourtant toujours parmi nous et pour cette raison nous continuons de parler de lui au présent..

SUR LES BORDS DU LAC TIMSAH

En plein cœur de l'Egypte, sur les bords du lac Timsah, là où le canal de Suez s'élargit, se dresse une petite ville toute blanche, qui a l'air perdue au milieu des sables. Cette ville se nomme Ismaïlia. Une bourgade qui n'a jamais connu la gloire. Pourtant, ce 1er février 1939, un enfant va y voir le jour qui, plus tard, fera parler d'Ismaïlia. Un magnifique bébé tout blond, de près de quatre kilos, aux yeux bleus pétillants. Un garçon qui allait connaître l'un des plus fabuleux destins de l'histoire du show-business, une vingtaine d'années plus tard.

Aimé François, le père de l'enfant, a été, dix ans plus tôt, un simple employé de bureau, chargé des affaires les moins intéressantes. Travaillant toujours consciencieusement, avec beaucoup de sérieux, il a mis près de trente ans pour s'élever dans l'échelle sociale et atteindre le poste de directeur du trafic du Canal de Suez. Son véritable titre est « agent de mouvement », c'est-à-dire qu'il est chargé de diriger les navires qui passent par le canal de Suez, afin d'en contrôler la circulation. Ce poste élevé, tant sur le plan social qu'au sens propre du mot puisque M. François travaille au sommet d'une tour de contrôle, il en est aujourd'hui très fier, ne le devant qu'à sa volonté et à son courage. Il occupe une situation intéressante qui permet à sa famille de vivre dans le quartier résidentiel de la ville. Bien qu'étant Français, Aimé François est né en Egypte. Cinq ans avant la naissance de son fils, il a fait la connaissance d'une femme très belle, blonde et pourtant d'origine calabraise. Cette femme prénommée Lucia, mais que tout le monde appelle désormais Lucie, appartient à une riche famille italienne. Aimé n'étant qu'un modeste employé encore à cette époque, c'est pour elle qu'il a voulu réussir, pour elle et les enfants à venir. Car deux ans plus tard, leur première fille est née qu'ils ont baptisée Marie-Josée.

Les François habitent une grande maison toute blanche entourée d'un jardin, une maison riche, agréable, que beaucoup d'Egyptiens et d'autres Européens, leur envient. Avec leur fille, Aimé et Lucie pourraient se contenter de leur bonheur parfait, mais tous deux souhaitent avoir un garçon. Leur vœu est exaucé ce 1er février, à six heures du matin.

La maman se souvient de cette naissance :

« Sans ressentir réellement les premières douleurs, je m'étais préparée pour partir en clinique. Je ne voulais pas me précipiter au dernier moment, dans l'affolement général. Ce fut tout de même juste car, le lendemain matin, ce petit ange naissait. La sage-femme qui s'occupait de moi ne voulait pas croire qu'il était arrivé. Et c'était un garçon ! La voyante ne s'était pas trompée ! (la veille de ce jour, une amie voyante était venue à la maison pour lire mon avenir dans le marc de café, m'avait dit que j'aurais un fils et qu'il deviendrait célèbre. J'avais ri en lui disant qu'il serait peut-être président ! Mon mari, par contre, n'a jamais voulu croire que ce serait un garçon).

« – Comment l'appellerez-vous ? me demanda l'infirmière.

« Je répondis sans hésiter car le prénom était déjà choisi depuis longtemps :

– Claude. Il s'appellera Claude !

« Il était six heures cinq du matin et c'était un bon gros bébé aux yeux bleus, pesant quatre kilos. Si gros que durant les trois derniers mois précédant la naissance, le médecin était persuadé que j'aurais des jumeaux... »

Deux lits attendaient d'ailleurs déjà les futurs bébés dans l'une des chambres de la maison blanche !

Dès son enfance, le petit Claude connaît donc l'aisance, l'insouciance, le bonheur d'une famille unie et heureuse, dans cette ville d'Ismaïlia, grouillante et joyeuse. Pour son cinquième anniversaire, Claude et Marie-Josée (que le garçon appelait déjà Josette) ont l'autorisation d'aller voir travailler leur père dans sa tour de contrôle. C'est une grande joie pour les deux enfants qui, toujours, se souviendront de cette belle journée auprès de leur papa. Ce père, Aimé, Claude et Josette l'ont baptisé tout simplement « Mémé ». Plus tard, ils lui donneront le surnom de « Vieille France » avec ironie et tendresse. Un surnom que le père n'entendra jamais prononcer devant lui, car il aurait sûrement alors piqué un colère comme lui seul savait le faire. Le genre de colère qui fait trembler la maison, voire tout le quartier.

Claude ressemble d'ailleurs beaucoup à son père sur ce plan-là. Malgré son très jeune âge, il lui arrive relativement souvent à lui aussi de se fâcher, de crier et même de se rouler par terre. Quels que soient ses partenaires de jeux, il aime faire la loi, il aime commander, il aime gagner. Seulement, lorsqu'il se rend compte qu'il va un peu trop loin et qu'il fait de la peine à ses amis ou à Josette, il ne sait plus quoi faire pour se racheter. Il devient alors très tendre...

« Mon mari, raconte Lucie François, dont la forte personnalité allait beaucoup influencer celle de mon fils, ne dormait que trois ou quatre heures par nuit. C'était un homme sévère mais qui adorait plaisanter. Bien qu'ayant le cœur sur la main, il était intransigeant sur de nombreux points, tel l'éducation des enfants. Il était intolérant et inaccessible aux idées qui n'étaient pas les siennes, il ne supportait pas la contradiction. Paradoxalement, mon mari était d'une coquetterie sans limites. Il possédait une dizaine de marques différentes d'eaux de toilette venues de grands parfumeurs, qu'il se faisait expédier de France. De France aussi, il recevait ses cravates, qu'il choisissait sur catalogue. Maintenant qu'il avait enfin réussi sa carrière, il pouvait se le permettre.

« Malgré des colères parfois terribles, il était aimé par les enfants. D'ailleurs, ceux-ci ont reçu plus de cadeaux que de gifles au cours de leur enfance ! »

Aimé est donc le modèle de Claude en plus d'être son éducateur. C'est probablement grâce à lui que l'enfant évolue très vite et que les traits de son caractère se définissent avec précision, rapidement. Ainsi, lorsque des vendeurs de la coopérative d'Ismaïlia passent devant la maison et s'adressent au garçon en lui lançant des « Bonjour, Claude » sympathiques, celui-ci ne leur répond pas. Son père lui demande un jour :

« Mais pourquoi n'es-tu pas gentil avec eux ? Pourquoi ne dis-tu pas bonjour à ton tour ? »

« Parce que je veux qu'on m'appelle "Monsieur Claude" ! »

Ce qui peut paraître très prétentieux est bien admis par les gens de la ville puisque aussitôt tout le monde va l'appeler ainsi en souriant et lui dire désormais « Bonjour monsieur Claude ».

Lorsqu'on ne lui donne pas ce nom, on le surnomme « le Petit Pigeon » parce que l'enfant aime à se promener avec un pigeon ou un petit coq qu'il tient dans ses bras. Déjà il aime beaucoup les animaux et cela le poursuivra durant toute son existence.

Toujours en ces années de guerre, Claude découvre déjà la musique et le rythme auprès de copains de couleur, des garçons au « teint bronzé » avec lesquels il joue dans les rues. Ce sont des copains qui lui donnent très vite la passion de la musique, grâce à leurs tam-tams. Claude aime taper avec eux sur cet instrument, tout en fredonnant comme eux les mélodies du pays. Cela ne plaît guère à ses parents qui auraient préféré le voir fréquenter des enfants de son monde. Aussi, lorsqu'il leur demande un tam-tam en cadeau, Aimé et Lucie lui conseillent plutôt de se faire enseigner le violon et le piano. Claude a beau insister, rien n'y fait. Alors à défaut de mieux, il accepte, se révélant très doué dans ces deux instruments. Son professeur sent déjà naître le rythme en lui. Un jour, il déclare à son père :

« Essayez surtout de faire poursuivre votre fils dans l'étude de l'un ou l'autre instrument. Il doit continuer à jouer, quelle que soit la discipline qu'il va choisir. Il possède tout ce qu'il faut pour devenir un grand musicien et il serait vraiment dommage qu'il ne poursuive pas ses leçons. »

Mais M. François, déjà à cette époque, n'a guère d'estime pour ceux qu'il nomme les saltimbanques et les poètes. Selon lui, un vrai métier est un travail de haut fonctionnaire, obtenu après de brillantes études. Il veut bien que Claude continue d'apprendre le violon, mais il veut surtout qu'il commence à s'instruire sérieusement. Pour cela, il décide de le mettre en pension chez les Frères de Ploermel.

Généralement, ces Frères bretons ne prennent des enfants dans leur école qu'à partir de l'âge de six ans. Claude n'en a que quatre et demi mais il est très éveillé, se révèle un bon élève, même s'il lui arrive fréquemment de rentrer avec une chemise déchirée où des griffes sur le visage.

Lucie François se souvient :

« Il se laissait faire sans jamais oser répondre et tout le monde profitait de sa gentillesse et de sa docilité. Jusqu'au jour où, sur mes conseils, il se rebiffa car je ne voulais plus l'entendre se plaindre. Je lui disais qu'il fallait rendre coup pour coup, sans pleurer et sans jamais rapporter les faits aux supérieurs du collège. Je voulais qu'il se défende lui-même, seul, comme un petit homme. Je l'ai aidé à former son caractère de combattant pour que les autres enfants le respectent... Claude avait une sainte horreur du mensonge et des gens qui mentaient. Par exemple, si occasionnellement il lui arrivait de me mentir pour un détail sans importance, il n'en dormait pas de la nuit et se levait pour tout me raconter...

« A une époque, il me demandait chaque matin avant de partir à l'école, de lui donner quelques pièces de monnaie. Je m'étonnais que, chaque soir, il n'ait plus d'argent et, intriguée, je lui demandai à quoi cet argent pouvait bien lui servir. Il me répondit, un peu honteux, en baissant les yeux qu'il achetait du pain pour l'un de ses camarades arabes particulièrement pauvre ! Un autre jour, ce même camarade reçut une volée infligée par Claude parce que le petit Arabe avait préféré s'acheter des jouets plutôt que du pain avec l'argent offert. Le lendemain, tout malheureux de son geste, Claude lui avait apporté un caisse entière de petites voitures métalliques pour se faire pardonner. Brave Claude. Brave mais turbulent ! »

Claude ne sort pas toujours gagnant des bagarres auxquelles il participe. De toute façon, les Frères sont présents pour surveiller leurs élèves avec rigueur. La discipline est sévère et c'est pourquoi Claude est tenté de chahuter plus qu'il ne le devrait. Son esprit de contradiction, sa volonté impatiente de se faire remarquer. Il a du mal à se tenir sage, à se soumettre à ces ordres, à ce règlement qui pèsent sur ses épaules. A cause de son tempérament explosif, il a d'autant plus de mérite de se révéler excellent élève, même s'il reste farceur et enjoué. Plus tard, il se souviendra de cette époque et racontera :

« Le dortoir était immense et les mille et une péripéties qu'il suscitait compensaient de beaucoup le fait de ne pas rentrer dormir chez moi. Quand les lumières étaient éteintes, que le couvre-feu et la règle du silence avaient été décrétés, notre plus grande joie était de lancer des billes sur le plancher...

« Evidemment, le pion ne pouvait pas dormir, il sortait alors violemment de sa chambre, telle une furie, allumait les lumières et demandait d'une voix forte et autoritaire : "Quel est le chenapan qui a fait cela ?" Sous mes draps, je retenais mon rire, essayant de jouer à l'endormi. C'était formidable ! Aujourd'hui, je dois avouer qu'avec le temps, je ne trouve plus cela très drôle. Mais, après tout, ce sont souvent ces petits riens qui font toute la différence entre un cœur d'enfant, gai et insouciant, et un cœur d'adulte, raisonnable et respectueux. Pour ma part, je préfère les enfants...

« Les anciens ont souvent prétendu que la valeur d'un homme se mesurait à son énergie et à sa façon de "passer aux actes". Si cela est vrai, je peux alors avouer que j'étais un fieffé bagarreur. Pas à tout propos, certes, mais dans quelques cas précis. Lorsqu'un camarade de classe injuriait mes petits copains en les appelant "mal blanchis" ou autres, je ne pouvais m'empêcher de les rosser. Cela m'a toujours paru révoltant et injuste. Pourquoi se moquer ainsi de petits garçons ? S'ils avaient la peau mate, ce n'était pas leur faute...

« Evidemment je ne sortais pas toujours gagnant des bagarres, mais j'avais au moins l'impression de lutter et de les aider. Déjà, je refusais de m'effacer. Moi aussi, j'avais mon mot à dire. Le week-end, quand je rentrais à la maison, ma mère me considérait d'un œil indifférent. Les haillons et les bleus ne l'impressionnaient déjà plus. Elle se contentait simplement de me dire :

« – Avec qui t'es-tu battu aujourd'hui ?...

« Maman a toujours eu le don de rester lucide et froide.. C'est l'une des raisons pour lesquelles je l'admire. Une parmi de nombreuses autres... »

Ses week-ends, Claude les apprécie effectivement beaucoup, puisqu'ils lui permettent de retrouver sa sœur et ses parents. Et puis aussi son chien, Dick, auprès duquel il était constamment, hormis durant ses heures de pension.

Sa maman aussi se souvient :

« En Egypte, les enfants poussaient tout seuls. Les relations que nous avions avec eux, mon mari et moi, n'avaient rien à voir avec celles qui auraient pu exister en France ou ailleurs. Ils étaient libres et nous étions là pour les guider, sans plus. Claude était fou de gymnastique, un petit garçon casse-cou et gagneur qui raflait toutes les médailles de natation. En classe, c'était la même chose. Je n'ai jamais vraiment compris comment il obtenait d'aussi bons résultats. On ne le voyait jamais étudier et pourtant ses professeurs le décrivaient comme un très bon élève.

« Il refusait de manger sans ses gants blancs. A Ismaïlia, les gants étaient comme des socquettes. On ne sortait pas sans, à cause des microbes et des épidémies qu'on redoutait. »

Malgré son jeune âge, malgré la sévérité apparente de son père, le petit garçon est assez libre de se distraire comme il l'entend. Le soir, lorsque ses parents sortent, il lui arrive souvent de rester seul à la maison avec sa sœur et son chien. Dans la journée, il peut ainsi s'éloigner sans que ses parents s'inquiètent car ils ont entière confiance en lui. Ainsi, passionné de gymnastique et surtout de natation, Claude peut aller se baigner librement dans le canal de Suez. Il déclare alors simplement à sa mère, en souriant : « Je vais faire un tour en Asie. » Le plus curieux, c'est que cette affirmation est exacte. Le canal de Suez sépare l'Afrique de l'Asie et sa largeur n'est que de deux cents mètres environ. Il est facile pour un garçon qui nage assez bien, de parcourir la distance. Et Claude nage bien, il a du souffle, deux cents mètres ne sont pas pour lui faire peur.

« Les jeux m'intéressaient plus que l'école. Ce sont eux qui m'ont laissé les meilleurs souvenirs. J'étais passionné de natation et le fait d'aller d'Ismaïlia, en Afrique, jusqu'aux rives de l'Asie, était quelque chose qui me fascinait. C'est dans ces moments-là que je me sentais le plus heureux. J'ai toujours été un homme d'eau : nager, pêcher, vivre toute la journée à moitié nu. Je passais la moitié de la journée sur la plage et je me souviens par exemple qu'avec mes copains, on faisait entrer des poissons qu'on venait d'attraper dans des fûts d'huile vides percés de trois orifices. Ainsi, on pouvait conserver nos prises. Ou bien on les grillait sur des branchages, comme ça, sommairement, presque à l'antique. Je m'en pourlèche les lèvres rien qu'en y songeant. Quand on avait besoin d'un peu de sel, on mettait de l'eau dans une jatte : le soleil tapait si fort qu'elle s'évaporait, laissant son dépôt de sel marin... »

Pour Claude, c'est cela la vraie vie. L'école, c'est juste pour faire plaisir à son père. Et aussi parce que c'est obligatoire et qu'il faut bien faire comme tout le monde, de temps en temps.

Dans une interview réalisée par Jean-Pierre Robert pour *V.S.D.*, Josette fait un portrait de son jeune frère à cette époque :

« Claude était un très joli petit garçon doré par le soleil, aux cheveux en brosse très courts que sa mère "gominait" soigneusement. Et moi, je m'amusais à passer la paume dans sa brosse impeccable. Ce petit frère tout blond a cinq ans. Moi huit. Le temps embellit tout, mais Ismaïlia a été un paradis "des vertes amours enfantines". Une maison blanche dans un grand jardin...

« Comme papa, Claude pouvait "exploser". Nous étions toujours ensemble et je m'amusais à l'énerver. Jeu classique entre frère et sœur. Nous faisions de grandes parties de Monopoly dans le jardin, et je trichais. Quand il s'en apercevait, c'était des excès de colère, suivis de grands élans de tendresse. Après une rogne, il me proposait tous ses jouets et j'en abusais honteusement ! C'était un élève parfait : à l'école, comme il était aussi rangé et organisé que ma mère, il méritait beaucoup de compliments...

« Il adorait son jardin : il me volait mes noyaux pour les planter. Il adorait les animaux : son chien Dick le suivait partout, sur le plongeoir de la piscine, dans la rue où il jouait au foot. Dick lui était très attaché : quand nous allions dormir chez grand-mère, Dick était promu gardien de la maison mais il cassait sa chaîne pour rejoindre son jeune maître ! ... »

Et les années s'écoulent, dans la même quiétude. Toujours, lorsque Mme François, Josette et Claude lui-même se souviendront de l'Egypte, ce sera pour se souvenir des plus belles années de leur existence, de leur jeunesse, de leur bonheur.

A huit ans, Claude manque pourtant de périr dans un dramatique accident. Ce jour-là, il se baigne dans une grande piscine du Caire et nage sous l'eau comme il aime le faire fréquemment. Il y a là de nombreux officiers anglais qui chahutent, qui plongent de trois ou de cinq mètres. L'un d'eux monte au plongeoir principal, s'élance dans un saut impeccable pour éblouir les femmes alentour et... tombe sur

Claude. L'enfant est sorti de l'eau immédiatement mais un médecin diagnostique une fracture du crâne et il faut le conduire d'urgence dans un hôpital. Il va demeurer là pendant trois jours, entre la vie et la mort.

« Ce fut ma première grande peur de mère. Heureusement que mon Claude avait la tête dure. Toute sa vie, il aura des pépins de tous ordres au visage et au crâne mais c'était là son premier accident d'enfant. Ça ne l'a pas empêché quelques mois plus tard de retrouver la piscine et le plaisir de l'eau. »

Avec tous ses copains, avec Josette aussi, Claude aime prendre des bains de minuit, lorsque la lune brille sur l'eau transparente du canal. Ils font des courses, plongent pour toucher le fond, remontent vers la surface lumineuse de la mer. Ils rient, chantent dans la nuit, tout leur semble permis, tous leurs rêves sont accessibles.

Dans ce confort ouaté d'une vie relativement facile et luxueuse, Claude François va évoluer pendant toute son enfance et une partie de son adolescence. Mais à la fin de la guerre, les bombardements allemands détruisent une partie de la ville d'Ismaïlia et endommagent la belle maison de la famille François. Claude voit pour la première fois le drame autour de lui et les couleurs, le parfum, le ciel, la mer et même le soleil se ternissent.

En attendant que la propriété soit réparée, Aimé, Lucie, Josette et Claude vont s'installer chez la grand-mère paternelle qui habite pas très loin de là. C'est durant cette période que Claude et sa grand-mère deviennent très proches l'un de l'autre. Si proches que le garçon ne veut plus partir de cet endroit quand les siens retournent dans leur villa, quelques mois plus tard. Ses parents cèdent à son désir et le laissent rester seul auprès de sa grand-mère pendant quelque temps encore. C'est à cette époque que Claude découvre le cinéma. Il n'a que six ans et demi mais il aime déjà Clark Gable, Gary Cooper et Errol Flynn. Ces stars hollywoodiennes sont ses idoles et ce sont elles qui vont garder une place très importante dans son existence de jeune garçon. Le cinéma est sa seule véritable distraction. Il est passionné par les films américains et reste parfois à trois séances consécutives.

La guerre s'achève, la joie de vivre revient tandis qu'Ismaïlia se reconstruit. La pension chez les Frères de Ploermel est de plus en plus pénible à Claude. Enfin, en 1951, une autre vie commence pour le garçon et pour ses parents...

Cette année-là, la famille François quitte Ismaïlia car Aimé est muté à Port-Taoufick, une petite ville située à la fin du canal de Suez, vers la mer Rouge. Alors que Marie-Josée entre au lycée d'Alexandrie, Claude commence sa sixième chez les Frères de Ploermel. Il est toujours pensionnaire, a simplement un peu plus de trajet à parcourir pour rejoindre ses parents durant les week-ends de liberté. Pour trouver une occupation un peu différente, il devient scout pendant une saison. Il commence aussi à s'intéresser à la course à pied et participe à quelques compétitions, remportant certaines d'entre elles.

Pendant les vacances, il lui arrive une fois de venir en France, à Vichy, avec sa mère et sa sœur. Mais c'est tout de même sur les bords du canal de Suez qu'il continue de se sentir le plus heureux.

Parmi tous ses merveilleux souvenirs, il en est un que Claude va garder longtemps au cœur. Ce souvenir s'appelle Benjamine, est blonde aux yeux bleus, possède de longs cheveux, et a comme lui douze ans environ. C'est sur la plage d'Ismaïlia qu'ils se rencontrent. Benjamine est le premier amour de Claude François. Il a raconté un jour son souvenir de la fillette :

« Les yeux bleus, de longs cils transparents, un visage de bébé, telle était Benjamine. Nous avions à peu près le même âge. Je peux affirmer que ce fut mon premier amour... Sur la plage, ses cheveux étaient continuellement mouillés car elle passait son temps à nager. Un après-midi, je tentai le tout pour le tout en osant aller me baigner à ses côtés. De loin, sous leurs parasols, nos parents respectifs semblaient ne pas faire attention à nous. Quand j'arrivai à deux mètres d'elle, je crus que j'allais prendre la fuite. Benjamine m'intimidait et me fascinait par sa beauté. Pourtant, cinq minutes plus tard, je lui prenais la main puis je l'attirais vers une petite baie isolée que j'avais repéré depuis longtemps... Les deux premiers mois, nous nous contentions de nous regarder dans le blanc des yeux, les mots étant subitement devenus inutiles. J'étais tellement fou de Benjamine que je perdis l'appétit. L'amour me suffisait. Ma mère décida alors d'inviter ma "fiancée" à la maison. Ainsi, elle pouvait me surveiller et me "gaver" sans que je m'en aperçoive. Puis les années passèrent et, tout comme l'Egypte, Benjamine devint un souvenir... »

Lucie François se souvient aussi de la fillette :

« Claude me parlait déjà de ses conquêtes, comme il l'a toujours fait par la suite. A cette époque, son goût prononcé pour les blondes s'affirmait. Benjamine faisait partie de la même école que Josette : les sœurs de Saint-Vincent-de-Paul. Claude lui offrait des fleurs qu'il cueillait dans les jardins alentour, conservait pour elle ses meilleurs bonbons, pour le simple plaisir de marcher auprès d'elle en lui tenant la main. Benjamine était une petite Anglaise et ses parents défendaient aux deux enfants de se voir parce qu'ils n'étaient pas du même monde. Quelle bêtise ! Plus tard, Claude a chanté "Pauvre petite fille riche" en pensant à Benjamine. Je le vois encore se réfugier dans ses études et dans le sport pour oublier son impossible amour... »

Entre les flirts et les copains, entre les études et le sport, auprès de ceux qu'il aime, les mois s'écoulent dans un bonheur parfait pour Claude. Des années merveilleuses auprès de parents merveilleux dans un cadre merveilleux.

En 1954, Claude passe son brevet. Il est aidé dans ses révisions par Frère Alain et Frère Paul-Gustave qui sont non seulement ses professeurs mais aussi ses amis. Malheureusement, Claude n'est pas fort en langues et particulièrement en italien. Il est recalé à cause de cette matière. Claude en est honteux, d'autant plus que sa mère est d'origine italienne, aussi préfère-t-il s'enfuir que de devoir s'expliquer longuement devant ses parents. Il se réfugie donc dans le seul endroit où il ne craint pas les reproches : chez sa grand-mère.

Au mois de septembre suivant, après avoir planché longuement pendant tout l'été, l'adolescent repasse son brevet et, cette fois, obtient le diplôme. Il a maintenant quinze ans, il quitte les Frères de Ploermel, son brevet en poche. Son père l'inscrit au lycée français du Caire. Là, c'est la liberté qui lui saute au cœur, une liberté qu'il découvre et qu'il ne sait pas encore très bien utiliser tant il a été « protégé » jusqu'à ce jour.

« Aimé et moi, dit Lucie, avions décidé de lui louer une chambre dans une pension de famille simple et calme. Les fenêtres de sa "boîte à secrets" donnaient en face des studios de la radio du Caire. Je suis sûre que pour lui qui adorait la musique, ce furent des années de fête. Je sais que le peu de temps libre qu'il possédait était destiné à aller écouter, avant tout le monde, les disques qui arrivaient de France ou d'Amérique. »

Oui, Claude est libre dans ce qu'il a baptisé lui-même sa « boîtes à secrets », sa petite chambre qui ne ressemble en rien à celle qu'il habitait dans la maison de ses parents. Il est libre, mais il a finalement peu de temps à disposer comme il l'entendrait. Le matin et l'après-midi des jours de semaine, il étudie. Le samedi et le dimanche, il fait du sport, le soir, il révise puis il part écouter de la musique avec ses amis. Il n'a guère d'autres loisirs mais semble s'en contenter parfaitement.

L'athlétisme, la course à pied en particulier, l'accapare de plus en plus, surtout qu'il a obtenu des résultats encourageants durant les derniers mois. Il est maintenant classé « espoir régional » et sélectionné pour la finale interscolaire du mois de mars 1955. Un entraîneur l'a pris spécialement en main pour lui apprendre à respirer, à récupérer rapidement, à se détendre, à perfectionner son départ, etc. Tous ces exercices lui seront très utiles plus tard, lorsqu'il fera de la scène, mais cela, il l'ignore encore.

Claude remporte le championnat devant le président Nasser, le 19 mars 1955, sur le stade du lycée du Caire. Il est premier du 1 000 mètres et premier d'une course de fond. C'est le colonel Nasser qui lui remet lui-même ses médailles autour du cou après l'avoir félicité. Ce jour-là, Claude est très ému, presque autant que le sont ses parents. Il faut dire que ces victoires, il les a remportées par sa volonté, s'entraînant avec beaucoup de sérieux, parfois dès six heures du matin, courant derrière la voiture de son entraîneur sans perdre le rythme ni le souffle...

Au mois d'avril, pendant les vacances de Pâques, Claude revient dans la maison d'Ismaïlia où Aimé a décidé de fêter sa victoire entouré de plein d'amis. Une grande réception en présence de tous les Européens de la ville, de nombreux copains de Claude, des garçons de couleur mais sans la petite Benjamine qui n'est déjà plus qu'un souvenir... Le lendemain, tous font une longue excursion en mer Rouge, sur des canots à moteur individuels.

« J'adorais ces balades en mer. Je me souviens que c'est ce jour-là, racontait Claude, que mon père m'a laissé diriger le bateau pour la première fois. Avec tous les amis, nous accostions sur une petite île déserte, les cuisiniers préparaient un fantastique feu de bois puis réchauffaient la "molohia" qui mijotait depuis deux jours. Sur le barbecue, des centaines de sardines étaient grillées pour tous les invités. C'était nos pique-niques exotiques, nos dimanches d'Européens d'Ismaïlia. »

Peu de temps après, la famille François va s'installer définitivement au Caire. Puisque Claude a son brevet, Aimé envisage pour lui maintenant une situation sérieuse et espère qu'il le remplacera un jour dans son métier. Mais lorsqu'il en parle à son fils, celui-ci répond un faible « oui » du bout des lèvres, ayant visiblement l'esprit ailleurs...

Claude doit passer le baccalauréat, de toute façon, avant de choisir sa voie. Mais les études l'ennuient de plus en plus. Il préfère jouer de la batterie que de réviser sérieusement. Il a eu du mal à avoir le brevet, qu'on ne lui en demande pas davantage !

C'est à cette époque qu'il fonde son premier orchestre, avec trois de ses copains. L'un d'eux a déniché une cave aux murs gris, humide, loin des grands immeubles de la ville, insonorisée tout naturellement par l'épaisseur des murs. C'est là qu'ils passent tous ensemble des heures à répéter ou à écouter des disques de groupes américains comme celui de Bill Haley. Ceci explique que Claude rate la première partie du baccalauréat, au mois de juin 1956. Puisque de travailler tout l'été lui a permis d'obtenir le brevet de la session de rattrapage, il est décidé à faire de même pour le bac.

Pourtant un grand événement se prépare qui va bouleverser la vie de tous les Français d'Egypte et empêcher Claude François de passer son examen.

L'EXODE

Laissons Lucie François raconter ce 14 juillet 1956, comme elle l'a fait dans son livre paru aux Editions Baumann.

« Ce jour-là, je me souviens que nous dansions au Caire, chez le gouverneur, sous les lampions de toutes les couleurs. Le cœur en joie, nous célébrions la fête nationale entre Français. Claude et ses amis décidèrent, à une certaine heure de la nuit, de continuer la soirée sur la plage. Mais, à leur grande stupéfaction, les rues se remplirent de soldats casqués et armés. Partout des barrages s'installaient. Des soldats et encore des soldats jaillissaient de toutes parts. La fête fut brusquement interrompue par une annonce atroce à la radio : Nasser venait de réquisitionner les bureaux du canal de Suez ! »

En quelques heures, tous les espoirs de la famille François s'écroulent comme ceux de tous les autres Européens installés en Egypte. Des coups de feu retentissent dans les rues avoisinantes. C'est la guerre civile... La première pensée de Claude va à son bac qu'il est sûr maintenant de ne pas passer. Au fond de lui, il aurait pourtant eu envie de réussir car lorsqu'il fait quelque chose, il tient à le faire bien. Il sait qu'il a déçu son père par son échec et avait l'intention de se racheter en septembre. Aimé ne lui en veut pas trop mais espère bien que Claude fera des efforts pour la suite de ses études.

La seconde de ses pensées va vers Ismaïlia, vers ses amis égyptiens qui maintenant ne veulent plus de lui. Il n'a que dix-sept ans et refuse d'imaginer le mal que peut faire la politique. La guerre, il en a déjà entendu parler, il l'a déjà vécue de loin étant tout petit, il n'imaginait pas cependant qu'elle puisse recommencer.

Quelques jours plus tard, les Egyptiens nationalisent le canal de Suez et obligent les Français à fuir, en abandonnant tous leurs biens, maisons, meubles, travail et argent. Ils n'ont le droit d'emporter que leurs souvenirs...

Bien sûr, depuis quelques mois déjà, la politique de Nasser créait quelques soucis aux Européens. Ceux-ci ne se doutaient cependant pas que les choses iraient aussi loin. Certains aujourd'hui croient encore que l'intervention de la France va aplanir les problèmes. Ceux-là sont utopistes et s'en rendent compte au fil des heures. Des Français qui tentent de résister aux troupes égyptiennes sont arrêtés. La plupart sont encore réfugiés chez eux et attendent, dans la peur, qu'on vienne les déloger. L'ambassadeur de France annonce officiellement qu'il ne peut rien faire et que tous les Européens sont instamment priés de regagner leur pays sous peine de prison. Ils ont une semaine devant eux pour quitter l'Egypte.

Comme ses amis et ses voisins, la famille François commence à faire ses bagages, n'emportant dans ses valises que le strict minimum auquel elle a droit. Inutile de tricher, Aimé sait parfaitement que ces valises vont être fouillées avant qu'ils n'embarquent sur un bateau.

Le mois de juillet n'est pas terminé lorsqu'ils montent sur l'un des navires de leur exode. Direction : Marseille.

Sur le pont de ce navire norvégien, Claude est assis auprès de sa mère et regarde le rivage s'éloigner. Il a dix-sept ans, le cœur lourd, de la colère plein les yeux. Le pays de son enfance disparaît à l'horizon tandis qu'un bruit estompé de bombardements parvient encore jusqu'à lui. Autour d'eux, des gens pleurent, des enfants crient. Tous ont été embarqués par la force, la rage, la fureur. Aucun n'a protesté, étouffé de peur et de chagrin.

Claude pense à ce colonel Nasser qui, l'année précédente, le félicitait et qui maintenant venait de le trahir. Ce n'est pas le fait de se retrouver dans la misère totale du jour au lendemain qui l'effrayait le plus mais la trahison de ceux qu'il croyait ses amis. Ainsi, un cousin qui devait apporter une enveloppe à Aimé juste avant le départ avait commis un acte très lâche. Dans cette enveloppe il y avait une partie de l'argent qui restait aux François. Le cousin était bien venu mais lorsque Aimé avait compté les billets, en mer, il avait constaté qu'il en manquait les trois quarts. Le cousin s'était servi un majestueux pourboire !

Ce genre d'actes, tous les autres Français en ont connu un ou plusieurs. Quand il y repense, Claude est amer. Il a dix-sept ans, donc l'avenir devant lui. Tous les espoirs lui sont permis. Il ressent pourtant au fond du cœur une terrible déchirure, comme il le racontera plus tard.

« Etre obligé de quitter son pays natal pour des raisons qui, lorsque vous êtes adolescent, vous sont extérieures, est très difficile. Pourtant, déracinés, nous sommes partis d'Egypte laissant tout derrière nous...

« Dans le bateau qui nous emmenait à Marseille, je sentis mon cœur se déchirer lentement... Je quittais l'insouciance, la facilité, et surtout l'adolescence. Afin que la traversée soit moins pénible, je tentais de m'intéresser à tout ce qui se passait autour de moi. A mes côtés, ma mère regardait au loin, à l'horizon, le pays dont nous nous éloignions. Dans ses yeux, je voyais l'Egypte et les regrets... »

Claude venait de perdre tout ce qui avait fait son bonheur jusque-là, toute cette gaieté, cette vie facile, cette joie d'enfant. Il était désormais un homme. Mais un homme inquiet chargé de lourdes responsabilités.

Sans un sou en poche, du moins avec le strict minimum pour se nourrir, la famille François débarque à Marseille et se cherche un petit hôtel, le moins cher possible, en attendant que l'administration la reloge, comme cela est prévu. Mais l'administration n'est jamais pressée, c'est bien connu. Il faut remplir tout un tas de paperasses, aller de guichet en guichet, rencontrer quantité de fonctionnaires, faire nombre de démarches. Ainsi, Aimé, Lucie et Claude vagabondent dans la ville, fatigués, ayant souvent faim. Il faut garder le peu d'argent qu'ils possèdent pour les jours à venir. Pour les lendemains incertains... Enfin, une lettre leur parvient à leur hôtel : la société qui emploie Aimé se manifeste : elle a trouvé un appartement pour eux en principauté de Monaco, comme ils l'avaient souhaité. Tous trois sautent de joie car ils savent maintenant que leur existence va recommencer vraiment, sous une autre forme. Aimé va retravailler et surtout ils vont retrouver Josette qui s'est mariée quelque temps plus tôt et habite avec son mari à Monte-Carlo. De plus, cette même société versera des indemnités aux François qu'ils toucheront trois ans après !

Par le train, debout en seconde classe, leur petite valise à la main, ils se rendent dans la principauté, ignorant le sort qui va leur être réservé. Monaco, ils connaissent, ne serait-ce que par l'intermédiaire de Josette. Ils en ont souvent entendu dire beaucoup de bien, en particulier sur le plan financier. Mais Monaco sans argent, est-ce vraiment Monaco ?

Josette est à la gare pour les accueillir. Elle est l'épouse d'un officier de marine qui travaille pour la compagnie de navigation d'Aristote Onassis. Malheureusement, malgré des recherches intensives elle n'a pas pu encore trouver de travail pour son père. Onassis lui-même a refusé la candidature de M. François car il ne veut pas plus d'un étranger pour dix Grecs dans ses effectifs.

Sous le soleil des vacances, parmi la foule gaie et heureuse, la famille traverse la place d'Armes, longe à pied le quai Albert-Ier passe devant le casino plein de touristes, le Café de Paris et se dirige boulevard des Moulins vers la place des Moulins où se dresse l'immeuble Continental. Le soleil est implacable et tous sont fatigués. Mais cet immeuble, cet appartement où ils vont vivre désormais les attire comme un aimant et leur fait oublier leur lassitude. Le Continental est une grande maison qui comporte dix-huit étages et un très grand nombre d'appartements. Celui de la famille François est tout petit, ne possède pas le moindre équipement ni même le moindre meuble. Il est situé au quatrième étage.

Des meubles, il n'est pas possible d'en acheter puisque Aimé n'a pas encore de travail et guère d'espoir d'en trouver rapidement. Tout juste s'ils peuvent encore se nourrir, en très petite quantité, mangeant à même le sol. Les emballages font office d'assiettes et les repas sont tristement et rapidement pris.

« Nous n'étions pas vraiment préparés à la misère, dit Lucie. Je savais que nous ne pourrions désormais compter que sur nous-mêmes. Pendant des mois, assis par terre en rond autour de l'unique plat acquis au supermarché, je nourris ma famille de pain trempé dans l'huile, le vinaigre et le sel. De temps en temps, on s'octroyait un fruit qu'on partageait en trois. Ni gaz, ni chauffage, ni électricité. Nous couchions sur des couvertures étendues par terre. C'était dur, très dur, mais il fallait se faire à cette nouvelle vie. De jour en jour, loin de l'atmosphère chaleureuse d'Ismaïlia, je voyais mon mari se fatiguer moralement, s'affaiblir physiquement... »

On croirait lire *Les Deux Orphelines* ! La situation était-elle vraiment aussi dramatique que le dit Lucie François ou n'est-ce qu'une légende très arrangée, née après le succès de Claude ?

Quoiqu'il en soit, lui-même déclarait :

« Nous prenions de frugaux et tristes repas à croupetons sur le plancher, papa, maman et moi. Miné par le chagrin, papa est tombé malade presque tout de suite. Sa santé n'a plus cessé de décliner. Un jour qu'il souffrait de terribles maux de tête nous n'avons pu réunir assez d'argent pour acheter les médicaments prescrits ni même l'aspirine. Je suis allé chez le pharmacien malgré tout. J'ai fait exécuter l'ordonnance. Puis, le paquet de remède une fois constitué, je l'ai saisi et me suis enfui à toute jambes, en voleur que j'étais devenu. J'ai dû battre ce jour-là mes records de crossman tant j'avais peur d'être pris et dépouillé du butin. »

Il est vrai que pour Aimé François, ce brutal changement de vie sans espoir d'amélioration, les soucis qui s'accumulent, qui sont difficiles à supporter, le rongent, le détruisent. Un médecin lui apprend qu'il souffre d'un ulcère à l'estomac très avancé. Ses douleurs sont telles qu'il gémit parfois sourdement, refusant de révéler la vérité à sa femme. Chaque matin cependant, il quitte l'appartement en quête de travail, parcourt parfois plusieurs dizaines de kilomètres en train, en auto-stop, ou même à pied, rentre bredouille avec une bonne humeur de composition. Il affirme : « On m'a fait des propositions et je crois que dans deux ou trois jours, j'aurai une bonne place. »

Chaque soir c'est la même rengaine, les jours passent et la place n'arrive pas. Claude serre les poings. Lui aussi voudrait travailler mais n'obtient pas de résultats non plus.

Cette période de misère va être encore très longue. Malgré les capacités professionnelles d'Aimé, malgré des recommandations importantes, il ne trouve toujours pas de poste correspondant à sa spécialité. Comme il est prêt néanmoins à faire n'importe quoi, même s'il s'agit d'un travail qu'il ne connaît pas, même si c'est un emploi modeste, il devient guichetier dans un P.M.U. de Beausoleil. Il sait qu'il gagnera très peu d'argent mais ce petit job est pour lui comme une bouée de sauvetage. Hélas, Aimé n'est plus l'homme qu'il était auparavant, ses forces l'ont quitté, il est de plus en plus malade, si affaibli que le patron le renvoie bientôt à cause de son manque de rapidité.

Complètement découragé, c'est à partir de ce jour qu'il met tous ses espoirs en son fils Claude. Puisqu'il est trop vieux, trop fatigué, puisqu'il se juge bon à rien, c'est Claude qui va prendre la relève et subvenir aux besoins de la famille ! Un jour du mois de décembre 1956, il s'enferme avec son fils dans une pièce de l'appartement pour lui parler d'homme à homme. Claude est alors inscrit au lycée de Monaco, parce qu'il faut bien faire quelque chose et qu'il veut décrocher ce fameux bac, pour son père.

« Comme tu le sais, nous n'avons pratiquement plus rien et ce n'est pas avec l'aumône que je reçois comme indemnités que je vais pouvoir continuer de vous nourrir, maman et toi. D'autre part, je suis presque sûr maintenant que je ne pourrai plus jamais travailler de ma vie. Toi, tu as fait des études, tu es débrouillard et intelligent. Alors, en même temps que tu passeras ton bac, comme je te sais courageux, j'aimerais que tu travailles, du moins à mi-temps. Josette m'a promis qu'elle te fera entrer dans une banque comme employé de bureau... »

Claude se triture les doigts. Les paroles de son père l'émeuvent mais en même temps, il ne peut se résigner à faire un métier monotone qui de plus lui rapportera une misère. Alors Aimé insiste :

« Tu gagneras très bien ta vie dans une banque ! Tu deviendras un homme respectable et respecté même si c'est dur au début. Suis mes conseils, ils sont bons et tu ne le regretteras pas. »

Claude à d'autres ambitions. Jusqu'à ce jour, il n'a jamais osé en parler à personne, sauf peut-être à Josette, quand l'occasion lui en a été donnée. Ce soir-là, il sent que le moment est venu pour lui d'avouer ses rêves secrets à « Papa Vieille France » :

« Je vais sans doute te faire de la peine mais il faut maintenant que tu le saches : j'ai décidé depuis longtemps d'arrêter mes études après le bac et de devenir musicien. C'est ma seule passion dans la vie et je sais que si je ne la réalise pas je ne serai jamais vraiment heureux. Alors la banque, je veux bien pour quelques semaines, pour te faire plaisir et pour gagner un peu d'argent, mais après, pas question ! »

Aimé François n'en croit pas ses oreilles. Comment Claude peut-il lui parler ainsi ?

« Il n'est pas question que tu fasses un métier pareil ! Qu'espères-tu devenir en grattant une guitare ou en tapant sur un tambour ! Tu seras un crève-la-faim, un inconnu sans argent. » Puis il ajoute la fameuse phrase : « Je ne veux pas d'un saltimbanque dans ma famille. »

Devant la réaction de son père, Claude comprend qu'il ne doit pas insister. Une telle conversation ne peut que leur faire de la peine à tous les deux. Pour se calmer, il descend sur le boulevard des Moulins, les poches aussi vides que le cœur et s'en va errer à pied dans les rues de Monte-Carlo, du côté du Casino, près des cabarets d'où sort une musique pleine de joie et de rythme. Il lutte, il hésite entre sa volonté de devenir musicien et la sagesse de suivre les conseils de son père en se retrouvant derrière un guichet de banque. Bien sûr, ramener de l'argent à la maison permettrait à ses parents de mieux vivre. Mais la musique !... La musique, c'est une merveilleuse aventure, peut-être l'échec total s'il n'est pas doué, peut-être au contraire la fortune s'il possède du talent.

A cet instant précis, venant du juke-box d'un café voisin, une chanson de Ray Charles parvient à ses oreilles. Comment y résister ? Non, décidément, il n'ira jamais travailler dans une banque. Cette fois sa décision est prise et irrévocable !

Lorsque, le lendemain, il annonce à son père qu'il ne retournera pas en classe de philo, M. François lui déclare d'un ton sans réplique :

« S'il en est ainsi, ne remets plus les pieds à la maison. Tu n'es plus mon fils ! »

Josette voit son père quelques heures plus tard et ne le reconnaît pas tant il est furieux. Au cours de la même interview déjà citée *(V.S.D.)*, elle raconte :

« Papa piquait une colère hallucinante. Lui qui avait poussé Claude à faire du violon, mais pour jouer en duo avec sa sœur, le dimanche au salon, déclara que les musiciens étaient des saltimbanques, des ratés ! A cette époque, le bac était encore quelque chose, une institution, et papa s'estimait trahi par Claude qui lui avait promis de réussir sa philo. Ce fut la rupture. Papa chassa le fils prodigue sans savoir que ce serait un fils prodige.

« C'est terrifiant d'y penser aujourd'hui, mais jusqu'à sa mort en 1963, papa refusera d'adresser la parole à son fils, refusera de le voir. Quand ils se croisaient par hasard dans la rue, papa affectait de ne pas le reconnaître. Claude en souffrit énormément, en parla peu, mais cette épreuve lui forgea le caractère. Il s'était juré de prouver à son père que le "saltimbanque" deviendrait quelqu'un.

« Il a tenu promesse mais papa ne l'a jamais su... »

La plus malheureuse dans tout cela, c'est sûrement Lucie qui essaie d'arranger les choses mais n'y parvient pas, tant du côté de son mari que de celui de son fils. Ce n'est que plus tard, de longues années plus tard, lorsque Claude sera devenu l'idole de toute la jeunesse qu'il déclarera publiquement ses regrets de ne pas avoir été compris par son père :

« Il aurait été tellement heureux de ma réussite, tellement fier et tellement content de vivre près de maman et de moi dans le Moulin. Mais il est mort trop tôt... »

Pour Aimé, un homme sans baccalauréat n'était pas un homme.

Dès le lendemain de ce drame, Claude s'installe dans une petite chambre de bonne grâce à Josette, aidé par sa sœur et par sa mère. Son père ne veut même pas savoir où il est et Lucie va devoir se cacher pendant plusieurs semaines pour lui apporter un peu de nourriture. Puisque Claude a choisi le métier de saltimbanque, qu'il vive en saltimbanque !

Ayant des bases musicales solides, Claude s'inscrit au cours supérieur de l'Académie Nationale de Musique, afin d'améliorer ses connaissances. Mais il faut aussi qu'il gagne sa vie. Comme il dispose de trop importants loisirs forcés, il commence à fréquenter de dix heures du soir à trois heures du matin les studios de Radio Monte-Carlo.

A l'Académie Nationale, son professeur comprend immédiatement la passion de Claude pour la musique. Ce jeune homme n'est pas là en dilettante et l'on sent en lui le désir de réussir. Il veut faire de la musique son métier et y parviendra sans aucun doute. Parmi pratiquement tous les instruments qui existent, Claude doit choisir celui qu'il désire plus particulièrement étudier. Il n'hésite pas longtemps pour se décider : « Je veux apprendre la batterie. C'est l'instrument qui correspond le mieux à mon tempérament. Et puis je connais déjà le violon et le piano. »

Dès lors et jusqu'en mars 1959, Claude va travailler avec beaucoup de sérieux dans cette académie méditerranéenne.

Comme il doit aussi se nourrir et payer le loyer de la chambre qu'il occupe, il est contraint d'exercer différents métiers. Ainsi, successivement, il devient serveur dans un café, livreur, standardiste, plongeur dans la cuisine d'un restaurant, chasseur d'hôtel, veilleur de nuit... N'importe quoi pourvu que cela lui rapporte de quoi subsister.

Ainsi sa vie s'est organisée et si la chance ne lui a pas encore souri, tous les espoirs lui sont permis. Son envie de réussir se fait de plus en plus violente, au fur et à mesure que les mois passent. Claude est toujours furieux contre le sort qui lui refuse le pardon de « Vieille France ». Par son travail, par sa prochaine réussite, il veut faire plaisir à son père, il veut être pardonné. Mais le chemin est encore long et Claude ignore qu'Aimé va disparaître en 1963, de son ulcère à l'estomac, l'année où justement lui-même va devenir une star.

Le chef d'orchestre Michel Hausser accepte de le prendre parmi ses musiciens pour jouer de la batterie durant la saison d'été au « Club de la radio » de Radio Monte-Carlo. Son cachet est de cinq cents francs anciens par soir. Une somme fabuleuse pour lui, presque la fortune. Avec ses premiers cinq cents francs, il achète quatre magnifiques oranges qu'il vient déposer aux pieds de son père. Chacune d'elle brille comme un soleil, comme le soleil d'Ismaïlia. Aimé les refuse pourtant...

Cet engagement est pour Claude le premier véritable espoir, le premier événement concret depuis qu'il s'est lancé dans le métier. A force de regarder travailler les autres et à force d'obstination, il fait de rapides progrès et il se voit proposer d'animer les soirées du Club. Il quitte sa place très vite pour devenir chanteur et animateur attitré de l'orchestre qui se produit à l'Hôtel Provençal de Juan-les-Pins.

Là, en interprétant certains tubes de Charles Aznavour comme « J'aime Paris au mois de mai » ou de Frank Sinatra, il se fait une certaine renommée dans la formation de Marcel Bianchi. Plus tard, il étend son répertoire en interprétant par exemple du Ray Charles, du Gilbert Bécaud et même du Charles Trénet. Il obtient un grand succès personnel en chantant : « Surtout ne joue pas » de Jean Constantin.

C'est à Juan-les-Pins dans cet Hôtel Provençal, que le célèbre chef d'orchestre Louis Frosio le remarque un soir. Frosio est attablé avec quelques amis professionnels. Visiblement il n'a d'yeux et surtout d'oreilles que pour ce jeune inconnu qui se trémousse merveilleusement, possède le rythme dans la peau et semble connaître toutes les nouvelles chansons, tous les pas de danses modernes. De plus, c'est un musicien de talent qui semble savoir jouer de nombreux instruments.

« Ce garçon blondinet me paraît très bien », dit Louis Frosio à ses amis. « Je crois qu'il peut aller très loin. Et vous qu'en pensez-vous ? »

Dans le même temps, les applaudissements crépitent, tous les spectateurs étant enthousiasmés par Claude. Ils aiment son physique agréable, sa distinction, la sympathie qui émane de lui. Le blondinet ne laisse personne indifférent et surtout pas les gens attablés autour de Louis Frosio.

En fait, la présence du célèbre chef d'orchestre dans ce night-club n'est pas un hasard. Quelques jours plus tôt, Lucie François s'est présentée à lui, au cabaret du Casino, pour lui dire tout le bien qu'elle pense de son fils Claude. Elle a tant insisté que Frosio s'est senti obligé d'aller l'entendre chanter à Juan :

« Engagez-le, il a beaucoup de talent, pas d'argent et il sait jouer de la tuma ! »

A la fin du spectacle, quand Louis Frosio quitte la salle, il fait un signe à ce jeune débutant. Claude s'approche timidement de lui, ignorant ce que lui veut cet important personnage :

« Mon garçon, vous avez du talent. Venez donc me voir demain, je peux peut-être faire quelque chose pour vous. » Et il lui tend sa carte de visite.

Après une nuit presque blanche tant il est excité, Claude se retrouve le lendemain face à Louis Frosio, impressionné par la personnalité de ce chef d'orchestre internationalement connu, qui travaille depuis vingt ans dans la principauté. Il est aussi très anxieux du résultat de cette entrevue. Il n'a pourtant pas encore dit un seul mot que Louis Frosio s'exclame :

« Vous me plaisez. Quand pouvez-vous commencer à travailler dans mon orchestre ? »

Quelques secondes stupéfait, Claude ouvre la bouche et lance sans réfléchir et sans demander les conditions :

« Dès aujourd'hui, si vous le voulez ! »

« Je vous engage comme chanteur, ici même, pour mille francs par soirée ! »

Il s'agit bien sûr de francs anciens puisque nous sommes en 1959 mais Claude voit ainsi son salaire subitement doubler. Il n'a donc aucune objection à formuler, sachant surtout que le fait de chanter dans un aussi célèbre orchestre et dans l'une des plus belles villes du monde peut lui permettre de le lancer définitivement.

Pendant toute l'année qui suit, Claude travaille consciencieusement et fidèlement avec Frosio. Il apprend son métier d'homme de scène « sur le tas » et se révèle très doué. A tel point que son cachet quotidien va passer à deux mille francs quelques mois plus tard et atteindra huit mille francs à la fin de l'année 1960. Une telle augmentation de salaire est extrêmement rare même pour un débutant. Elle s'explique par le fait que Claude est à la fois payé comme chanteur et comme batteur de l'orchestre.

De plus, – et c'est là un détail qui ne trompe pas – le jeune Claude François plaît beaucoup au public féminin, bien qu'il fasse partie d'un quatuor et qu'il n'ait donc aucune raison d'être particulièrement remarqué. C'est d'ailleurs là qu'il connaît sa première « fan ». Elle s'appelle Christine :

« Ce soir-là, tout avait très bien marché, à la batterie et je m'étais littéralement déchaîné. En sortant de scène, dans les coulisses, j'ai rencontré un jeune fille blonde qui me tendit une lettre et s'enfuit aussitôt. Cette lettre commençait par ces mots : "Claude, je te trouve formidable. Malheureusement je suis un peu trop jeune pour que tu m'aimes. Je n'ai que treize ans. Pourrais-tu m'attendre quelques années ? Pour toi, je serai la meilleure des femmes..."

« Pendant cinq ans, j'ai précieusement conservé cette lettre sur mon cœur, dans mon portefeuille. Puis un jour, lors d'un gala, mon portefeuille a disparu. Je n'ai pas voulu savoir si je l'avais perdu ou si on me l'avait volé. Pour moi, la seule chose importante était cette lettre. Jamais rien ne pourra la remplacer. Elle était devenue mon fétiche, mon porte-bonheur. Bien sûr, chaque matin, aujourd'hui, je reçois des centaines de lettres, mais ce n'est pas la même chose. Christine a été la première à m'avoir aimé, à avoir eu confiance en moi, à croire en mon avenir. Christine, c'était le premier gage d'amour de mon public. »

Une lettre émouvante qui stimule un peu plus Claude, qui lui confirme dans sa volonté de poursuire ce métier et de réussir. La vie continue ainsi quelque temps encore. Tous les soirs, il se produit avec l'orchestre, heureux d'obtenir des applaudissements personnels. Mais petit à petit, il commence à s'inquiéter pour l'avenir. Il a l'impression de végéter, il a peur de « s'enterrer » trop à Monte-Carlo, il sent que pour vraiment éclater, il doit provoquer le destin, faire des efforts plus précis, rencontrer d'autres personnes. Par exemple, maintenant qu'il a acquis un peu d'expérience, n'est-ce pas le moment de monter à Paris et d'essayer d'y faire son trou ?

UN PREMIER AMOUR

Un soir, tandis que Claude François chante toujours avec l'orchestre de Louis Frosio et qu'il obtient le même accueil chaleureux du public, une jeune fille est dans la salle et ne le quitte pas des yeux depuis le début du spectacle. Elle se nomme Janet Woolcott, est anglaise et passe ses vacances à Monaco avec quelques amis.

A la fin de la soirée, Janet vient féliciter Claude dans sa loge, lequel est immédiatement séduit par le charme indéniable de la jeune femme. Il lui donne un rendez-vous pour le lendemain midi, puis va passer ainsi plusieurs journées auprès d'elle, pour bientôt ne plus la quitter du tout.

Durant cet été, Claude part quelque temps pour Saint-Tropez, à cent cinquante kilomètres de Monaco, et se produit au Papagayo, avec l'autorisation exceptionnelle de Louis Frosio. Un été fantastique que cet été 1960 qui va marquer le chanteur sur plusieurs plans, d'abord professionnellement, ensuite sentimentalement.

Professionnellement parce qu'à Saint-Tropez, Claude François fait la connaissance de plusieurs stars du show-business et du cinéma comme Brigitte Bardot à qui il apprend de nouveaux pas de danse, et plus particulièrement la bossa-nova. Comme Sacha Distel aussi, comme quelques autres personnes moins connues mais très influentes dans le showbiz parisien. A Cannes, Claude joue avec Sacha. Il découvre une vie faite d'insouciance mais aussi de travail, il avale des repas somptueux ou au contraire des sandwiches ingurgités sur le coin d'une table. Il découvre l'amitié d'inconnus, le charme des rencontres d'une journée, il « tombe » quantité de filles déjà prêtes à lui succomber simplement après l'avoir entendu chanter.

Mais Claude, qui collectionne les conquêtes, qui déclare à ses copains qu'il est un grand amoureux qui a besoin de rendre toutes les femmes jalouses, ne pense déjà plus qu'à une seule d'entre elles, Janet. Marie-Josée raconte cette époque :

« Claude est tombé dans l'éternel piège. Lui qui pouvait avoir toutes les filles n'en veut plus qu'une. Elle est anglaise et danseuse, il joue de la batterie ! Ils se voient presque tous les jours au travail. Il ne vont plus se quitter...

« Claude est tellement heureux ! "Ça marche pour moi", déclare-t-il. Janet plaît à ma mère. C'est important. Claude a convaincu Frosio. Ils prennent un petit appartement avec un grand living. La situation sera très vite officialisée... »

Ça a en effet été immédiatement le coup de foudre entre les deux jeunes gens. Claude n'a pourtant que vingt et un ans et Janet est plus jeune que lui de quelques mois. Quand ils ne travaillent pas, ils passent leurs journées sur la plage, la main dans la main, faisant des projets d'avenir. Et comme Claude n'aime pas perdre de temps, les projets vont se concrétier dès l'automne suivant.

Le 5 novembre 1960, Claude et Janet se marient à la mairie de Monte-Carlo. Il y a là une quarantaine de personnes et, comme un bonheur n'arrive jamais seul, Aimé François est présent ! Toujours fâché, mais présent ! Quant au témoin de Claude, c'est Louis Frosio en personne. Aimé serre froidement la main de son fils pour bien montrer qu'il est venu à contre-cœur, uniquement pour faire plaisir à Lucie. Les parents de Janet sont là eux aussi, venus tout exprès de Londres. La fête est très belle mais dès le soir, les jeunes mariés doivent se remettre au travail.

Peu après, le couple s'installe dans l'une des tours modernes de la principauté, le Shuykill, 19, boulevard de Suisse, sans rien changer d'autre à son mode de vie. Ils achètent des meubles, dînent les yeux dans les yeux en attendant d'avoir un enfant qu'ils veulent le plus vite possible, dès que la situation sera stabilisée.

Bientôt ce mariage porte bonheur à Claude. En effet, quelques jours plus tard, le jeune chanteur voit arriver devant lui Jerry Van Royen, l'arrangeur d'Aimé Barelli. Jerry Van Royen est enthousiasmé par le travail de Claude. Il le trouve bourré de talent et est certain qu'il doit réussir dans le métier de chanteur. Aussi lui conseille-t-il d'aller à Paris pour tenter sa chance :

« C'est le moment où jamais d'ouvrir les portes de la capitale. Il y a beaucoup de jeunes chanteurs qui commencent déjà à avoir du succès. Les adolescents découvrent Johnny Hallyday, Richard Anthony, Danyel Gérard. Des groupes aussi deviennent célèbres comme les Chats sauvages, et les Chaussettes noires. Pourquoi, bientôt, tous les jeunes n'admireraient-ils pas un certain Claude François ? »

Claude, qui a souvent tenu ce même raisonnement en secret, sait que Jerry a entièrement raison. C'est le bon moment pour lui de passer à l'action. L'ancienne génération de chanteurs est finie, sauf les plus grands comme Bécaud, Aznavour ou Brassens. Avec le twist, une nouvelle vague est en train de naître...

Pourtant Claude hésite encore. Il a peur de lâcher la proie pour l'ombre. Aussi décide-t-il de faire ça à pile ou face : « Je vais demander une augmentation importante à Frosio. S'il la refuse, je pars ! »

Louis Frosio se souvient parfaitement de ce qui s'est passé à cette époque.

« Claude avait maintenant de nombreux fans, les premiers de sa longue carrière. A l'époque, il chantait toujours la même chanson qui s'intitulait : "Même s'il m'arrivait quelque chose". Je ne sais plus qui l'avait écrite. Il est probable que plus personne ne se souvient de cette mélodie aujourd'hui, mais interprétée par Claude, elle était presque un tube !

« Il ne voulait pas en rester là, il ne voulait pas se contenter de chanter avec nous, se sentant probablement appelé à un destin plus important. Un jour, il m'a dit, pendant un pause :

« – Je voudrais chanter, mais vraiment chanter. Toutes les chansons !

« Je n'avais guère d'arguments à lui proposer et je n'ai pu que lui répondre :

« – Tu sais bien, Claude, que nous jouons de mémoire. Si nous nous transformons en accompagnateurs, il va nous falloir des partitions, donc des pupitres, ce qui est impossible dans notre formation.

« Il n'a rien répondu mais le lendemain, il est arrivé avec deux pupitres qu'il avait achetés lui-même, deux pupitres assez petits pour qu'on puisse les placer devant nos instruments. Claude était comme ça, décidé, énergique et efficace. Tous les gars de l'orchestre étaient pourtant sceptiques sur son avenir, persuadés qu'il ne réussirait jamais. Les gens du métier n'ont pas la réputation d'être tendres les uns envers les autres...

« Je crois que Claude m'a toujours été reconnaissant car je suis l'un des rares à l'avoir encouragé et à l'avoir aidé. Je me souviens qu'il répétait souvent : "Je dois tout à Louis Frosio". C'était sympathique, charmant, mais pas tout à fait exact. Si je n'avais pas été là, il aurait tout de même réussi de magnifique façon.

« Dans les années qui ont suivi, quand il nous arrivait de nous rencontrer professionnellement, nous ne manquions jamais de tomber dans les bras l'un de l'autre. La vie ne nous a pas séparés, elle nous a seulement éloignés... » (Extraits d'une interview publiée dans *Claude François Story,* aux Editions Alain Matthieu.)

Ce jour-là donc, Claude François s'arme de courage et demande à Frosio de le payer quinze mille francs par soirée de travail. Cent cinquante francs plus exactement puisqu'on est maintenant en 1960 et que les francs lourds on fait leur apparition ! C'est une somme énorme que Louis Frosio, même s'il l'avait voulu, n'aurait pas pu lui accorder. Le chef d'orchestre essaie de raisonner le chanteur qui vient de lui apprendre qu'il préférait tenter sa chance à Paris plutôt que de continuer ainsi à végéter.

« C'est de la folie, ton projet ! En partant, tu vas tout perdre. Ton travail, ta mère, ta femme, ta vie sont ici, à Monaco. A Paris, tu vas te casser les dents et tu n'arriveras jamais à être le premier. C'est trop dur, c'est la jungle... J'aimerais te garder mais ce que tu me demandes, c'est vraiment beaucoup trop pour moi... Réfléchis bien avant de faire une bêtise ! »

Les paroles de Louis Frosio ébranlent Claude. Pendant les jours qui suivent, Janet et lui passent leur temps à peser le pour et le contre. Claude se dit qu'il n'a même pas vingt-deux ans, qu'il est donc à un âge où il peut tout laisser tomber et repartir de zéro. Si on ne prend pas de risques quand on est jeune, il est trop tard ensuite pour le faire. S'ils doivent partir, c'est tout de suite, avant de changer d'avis, avant de réfléchir trop longtemps !

Claude se souvient que lorsqu'il a parlé à Brigitte Bardot, quelques mois plus tôt, de son envie de tenter sa chance dans la capitale, celle-ci l'a poussé en déclarant :

« Tu es formidable, tu chantes bien et tu possèdes un rythme extraordinaire. Va à Paris. C'est sûr que tu vas devenir une grande vedettte. »

Au début du printemps 1961, Claude dit au revoir à tous ses proches, fait sa valise et décide de s'installer à Paris avec sa jeune épouse. Le couple arrive a la gare de Lyon un soir du mois d'avril, ses économies en poche avec pour tout bagage, deux petites valises contenant des vêtements.

Claude et Janet se mettent tout d'abord à la recherche d'un hôtel, le moins cher possible mais tout de même dans le centre de Paris pour pas avoir de trop longs trajets à effectuer en métro. Ils trouvent cet hôtel dans le quartier de l'Etoile, un établissement modeste où une minuscule chambre est mise à leur disposition. Ils sont pleins d'espoir et de confiance en l'avenir, alors peu importe la chambre. Maintenant, il faut foncer !...

Dès le lendemain, chacun d'eux se met à la recherche d'un travail correspondant à ses possibilités. Jeune et jolie, excellente danseuse, Janet trouve immédiatement un engagement. Ce n'est pas le cas de Claude qui est un peu vexé de son échec, à côté de la réussite de sa femme. Sur son carnet d'adresses, Claude a noté plusieurs noms de rues correspondant à des maisons de production ou à des agents auxquels on lui a conseillé de s'adresser. Il prend d'abord rendez-vous avec Jerry Van Royen qui, en plus d'être l'ami d'Aimé Barelli, est arrangeur chez Philips. Jerry est heureux de constater que Claude l'a écouté et lui propose de l'accompagner dans l'importante maison de disques, pour le présenter à Jean-Jacques Tilchet, ex-accompagnateur de Jacqueline François et directeur artistique.

Pour la première fois de sa carrière, Claude passe une audition sérieuse, devant

Tilchet. Malheureusement, s'il connaît bien maintenant le métier d'homme de scène, il n'a pas encore d'expérience pour le travail en studio, pour l'enregistrement. Il commence l'audition avec « Bye Bye black bird ». Dès les premières mesures, il sent confusément qu'il ne convainc pas Tilchet. Il reprend tout de même quelques autres chansons de son répertoire et de ses modèles, tel Sinatra.

« C'est un garçon blond et timide, vêtu d'un manteau de cuir, que j'ai vu arriver ce jour-là dans mon bureau, dit Tilchet. Il m'a dit qu'il venait d'enregistrer un disque souple et qu'il avait l'intention de me le faire écouter. Comme Claude sortait d'un orchestre, la seule chose qui l'intéressait était la chanson d'orchestre. Et cela ne correspondait absolument pas à ce que nous recherchions chez Philips. Je crois qu'il n'a pas très bien pris ma fin de non-recevoir. »

Quand, dans un silence total, la musique enregistrée s'arrête, Tilchet observe effectivement Claude d'un œil froid, puis, d'un ton sceptique, lui lance la phrase que le jeune chanteur redoute d'entendre : « C'est pas mal, on vous écrira », détruisant ainsi tous ses espoirs.

Un peu vexé, profondément déçu, Claude s'éloigne sans un mot. Pendant qu'il enfile son manteau de cuir, Tilchet le rejoint et ajoute :

« Ecoutez, avec votre jeunesse et votre tempérament, vous devriez chanter du rock ou du twist. C'est pas vous qui n'êtes pas bon, c'est votre répertoire ! Trouvez donc des trucs moins classiques et beaucoup plus rythmés. Quand vous les aurez, revenez alors me voir... »

Il n'en faut pas plus pour rassurer Claude. Deux mois plus tard, il revient voir Tilchet et lui fait entendre un titre qu'il a enregistré de nouveau sur un souple : « Nabout twist ». Nabout signifie en arabe « Le Battant ».

« J'étais vraiment comme un fou et je mourais de peur que quelqu'un me prenne l'idée, dit Jean-Jacques Tilchet. Aussi j'ai fait faire une pochette avec un dessin pour aller plus vite, car il faut à peu près un mois pour sortir une pochette avec une photo. A l'enregistrement, il y avait Nicole Croisille et Hughes Auffray dans les chœurs ainsi que tous les copains qui jouaient avec lui dans une petite boîte qui s'appelait "Le Caramel"... »

Pour subsister, Claude a effectivement déniché un engagement au « Caramel », se contentant d'un petit cachet. Là, il est devenu l'ami de la jeune Nicole Croisille en même temps que son professeur de danse. Le soir, ensemble, ils font des démonstrations du nouveau pas qui fait fureur dans les boîtes de nuit : le madison. Les spectateurs leur réservent à chaque fois un formidable accueil, ce qui stimule Claude. A tel point qu'il n'hésite pas à prendre ses baguettes de batteur – bien que cela ne figure pas dans son contrat – et qu'il chante et joue bénévolement des « trucs rythmés » comme le lui a suggéré Tilchet.

Mais revenons à ce « Nabout Twist ». La direction de Philips avait estimé que le disque ne pouvait pas marcher car les paroles étaient en arabe et l'on était encore en guerre contre l'Algérie. Un tel texte pouvait donc poser des problèmes et un enregistrement en français était indispensable. Une nouvelle séance commence soixante-douze heures plus tard au cours de laquelle Claude François fait preuve d'un punch certain. Sa volonté de réussir, sa voix particulière et séduisante, son timbre tout à fait exceptionnel, achèvent de convaincre les directeurs de chez Philips qui lui proposent, par l'intermédiaire de Jean-Jacques Tilchet, un contrat intéressant.

Le disque sort quelques jours après en même temps que les affiches sont imprimées à la hâte sur lesquelles on voit écrit « Ko Ko – Le Nabout Twist ». Sur le microsillon figurent également trois autres chansons : « Un clair de lune à Maubeuge » qui est le plus grand succès de l'année et que plusieurs autres chanteurs ont déjà interprété, « Ali baba twist » et « Ne t'en fais pas mon vieux ».

Claude a enregistré ce premier disque sous le nom de Koko, nom qui était celui de son perroquet, à Ismaïlia. « Nabout » est un titre fétiche car s'il signifie le battant, il est aussi le nom qui désigne un long bâton qui est utilisé pour les danses rituelles en Egypte. Malgré toutes ces superstitions, l'enregistrement sorti trop rapidement et dans de mauvaises conditions, est un bide total en France. Il se vend tout de même un peu en Afrique du Nord et en Egypte...

A la suite de cet échec, Claude se demande si le twist est vraiment pour lui le chemin à suivre. Mais puisque Tilchet le lui a demandé, il décide de poursuivre dans cette voie. Se constituer un nouveau répertoire ne se fait tout de même pas à la demande, en quelques jours. Claude sait qu'il va devoir travailler pendant de longs mois, ou du moins de longues semaines, avant de pouvoir proposer quatre nouveaux bons titres à Philips.

En attendant donc, il continue de vivre dans sa chambre d'hôtel avec Janet mais gagne désormais suffisamment d'argent, comme sa femme, pour mener une existence très décente. Il décroche quelques engagements plus ou moins réguliers dans d'autres clubs à la mode, tout en poursuivant ses prestations au « Caramel ». Ses années d'expérience avec Louis Frosio, les personnalités comme Sacha et Brigitte rencontrées sur la Côte d'Azur, lui permettent d'être engagé assez facilement, bien que n'étant pas encore une vedette du disque. Ses essais sur le tas l'encouragent et l'aident à se faire un répertoire. Ne pouvant pas éternellement chanter les chansons des autres, il est bien obligé d'écouter les propositions de certains compositeurs et de dénicher, parmi elles, celles qui peuvent devenir des tubes.

Pendant près d'une année, il va ainsi se faire connaître du Tout-Paris, du milieu du show-business mais pas encore du grand public. C'est le dernier pas à franchir et Claude est décidé à ne pas manquer sa dernière chance.

L'été suivant, en juillet 1962, ses affiches sous un bras et ses disques sous l'autre, Claude retourne à Saint-Tropez pour se produire au « Papagayo », avec Olivier Despax. Il fait son trajet en voiture, collant des affiches tout le long du parcours. Sur la Côte, il en colle même sur les murs de la villa de l'Aga Khan, ce qui lui vaut une amende importante. Peu importe, Claude a maintenant un contrat longue durée chez Philips et sait que pour les sept années à venir, sa seule préoccupation est de trouver des bonnes chansons.

A la rentrée, Claude a en poche quelques bons madisons et est certain que ces nouvelles mélodies vont plaire à Jean-Jacques Tilchet. Effectivement, le directeur artistique de chez Philips comprend tout de suite que Claude a beaucoup évolué. Faisant amende honorable, il lui déclare :

« J'ai volontairement été dur avec toi la première fois qu'on s'est vu. Je ne le regrette pas car si j'ai agi ainsi, c'est parce que je sentais que tu avais du talent et que tu pouvais réussir, en travaillant. La preuve, aujourd'hui je suis certain de pouvoir te faire confiance pour l'avenir. Tu as toutes les chances de te faire un nom dans ce métier, peut-être même un très grand nom ! »

Tilchet est par contre moins convaincu par le fait que Claude refuse de chanter des titres français, préférant les chansons américaines. Il choisit ainsi une mélodie intitulée « Girl, girl, girl », qui se trouve dans les tiroirs de la société Philips depuis plusieurs mois et qui était initialement destinée à Lucky Blondo. Tilchet aime bien la chanson écrite par Vline Buggy, traduite en français sous le titre « Rien, rien, rien ». Tilchet raconte la suite de la naissance de ce tube :

« Il fallait, à mon avis, changer quelques paroles. Seulement Vline s'y opposait. Je lui ai téléphoné car il n'était pas possible d'appeler une chanson "Rien, rien, rien".

En lui précisant que ce n'était plus Lucky mais un jeune chanteur qui allait l'interpréter, Vline m'a demandé ce qu'il proposait à la place. Claude, à mes côtés, en a profité pour lancer ce à quoi il avait longuement réfléchi. Un truc avec un "B", quelque chose comme « Bell, bell, bell », ce qui est plus joli en anglais qu'en français : "Cloche, cloche, cloche".

« A l'autre bout du fil, j'ai senti Vline qui réfléchissait, perplexe. Elle m'a simplement dit : "Est-ce que ce chanteur peut passer me voir ?" A partir de ce jour-là, Claude et Vline allaient faire toutes leurs chansons ensemble... »

Vline Buggy, dans *Claude François Story,* aux Editions Alain Matthieu, raconte son propre souvenir de la naissance de ce tube.

« ... Le directeur des Editions Tropical m'avait fait venir en me disant : "Voilà un certain nombre de disques, dites-moi ce qui vous intéresse". J'ai pris toute la pile et j'ai choisi une chanson qui s'appelait "Girl, girl, girl". Puis j'écrivis un texte dessus...

« Pour gagner ma vie, je travaillais à l'époque dans un magasin d'installations de cuisines. En rentrant de ma boutique, je reçois chez moi un coup de fil de Claude François, comme prévu avec Jean-Jacques Tilchet de chez Philips. Ce garçon me dit : "J'ai adoré votre chanson. Je la trouve vraiment formidable mais je n'aime pas le texte !"

« Je lui réponds : "Eh bien, je suis désolée parce que je n'ai fait que le texte !" Grand éclat de rire. Très surpris que je sois une femme ! Vline Buggy, pour lui, c'était probablement un auteur américain... Nous prenons rendez-vous pour huit heures du soir.

« A huit heures, j'ai attendu : personne. A neuf heures : personne. Coup de téléphone : "J'arrive". Neuf heures et demi, dix heures... Toujours personne. Re-coup de téléphone : "Ne vous inquiétez pas, je vais venir". Il est arrivé à onze heures... Ça, ce fut mon premier contact avec Claude.

« Chaque fois qu'on a travaillé ensemble, il n'a jamais été à l'heure. On était fou de rage du retard de Claude et puis, quand on le voyait, on lui pardonnait tout. Et cela bien avant qu'il ne soit une vedette. »

Après plusieurs entrevues entre Claude et Vline, « Bell, bell, bell » s'est transformé en « Belles, belles, belles » ! Cette fois, les paroles conviennent parfaitement à Claude François, comme elles conviennent à Jean-Jacques Tilchet. Le 45 tours est enregistré à la fin de l'année 1962 et sort début 1963. Claude l'enregistre sous son véritable nom, regrettant d'avoir choisi un pseudonyme stupide pour son premier 45 tours.

« Si je me suis planté avec le "Nabout twist", c'est tout à fait normal, je le méritais. Cette fois, je savais que les choses allaient être différentes car j'avais travaillé avec sérieux, comme un professionnel. En deux ans, j'avais découvert un autre monde, un autre métier. J'étais maintenant impatient de connaître le succès. Vline Buggy était une fille sur laquelle je savais pouvoir compter. Ensemble, nous avions discuté du texte de "Girl, girl, girl", elle avait compris que quelque chose ne collait pas dans les paroles, elle avait accepté ma proposition. Nous nous étions enfermés dans un bureau et avions planché sur chaque mot du texte pendant des heures. Je tenais à mes "cloches" anglaises, elle tenait comme Jean-Jacques Tilchet à une texte français et "Belles, belles, belles » avait donc vu le jour. Pendant trois jours, en novembre 1962, je m'étais enfermé dans un studio pour enregistrer les trois autres mélodies du super 45 tours : "Vénus en blue jeans", "Hey potatoes" et "Moi je pense encore à toi". Deux semaines après la sortie du disque, je faisais ma première télévision... »

Dès le pressage du microsillon, Jean-Jacques Tilchet se précipite à Europe I pour faire écouter aux éditeurs de l'émission « Salut les copains » de Daniel Filipacchi ce nouveau chanteur. Mais Filipacchi ne peut pas le recevoir, il est en pleine émission ! Il accepte tout de même de prendre le disque, de l'écouter et s'il le juge bon, de le passer dès le lendemain. Ce qui est fait : le lendemain, le standard d'Europe reçoit une énorme quantité de coups de téléphone et « Belles, belles, belles » devient le « chouchou » de la semaine. C'est le début de la fantastique aventure de Claude François...

Claude fait donc sa première émission de télé. Curieusement, il est soudain, maintenant, la proie du trac, lui qui a toujours été gonflé à bloc et qui, quelques jours plus tôt, était prêt à dévorer le monde. Brutalement, il n'a plus tellement confiance en lui. Il téléphone à Jean-Jacques Tilchet le jour même et lui déclare :

« Annule ma participation à la télé car je viens de décrocher un contrat dans une boîte de Courchevel. Je ne veux pas manquer ça. Je pars immédiatement ! »

Malgré les reproches de son ami qui tente de le retenir en lui disant qu'il doit rester à Paris pour la promotion du disque à la radio et à la télévision, sans oublier la presse écrite, Claude ne veut rien entendre. Il accepte néanmoins de faire cette télé le soir mais, dès le lendemain, il laisse Janet dans le petit hôtel de la rue Troyon et part seul à Courchevel.

Il reste deux semaines dans la station de sports d'hiver. Pas plus de deux semaines heureusement car de nombreuses émissions l'attendent dans la capitale.

A son retour, « Belles, belles, belles » s'est déjà vendu à près de soixante-dix mille exemplaires, ce qui ne s'est jamais vu encore pour un interprète inconnu. Dès que son visage paraît à la télévision et que la publicité du disque s'organise sérieusement, les ventes montent en flèche.

Trois mois plus tard, Claude François est devenu la nouvelle idole des jeunes. Une idole peut-être sans lendemain, comme il commence à en exister beaucoup en ce début des années 60. L'avenir le dira...

Avec ses premières rentrées d'argent, Claude décide de s'acheter un appartement à crédit. Il le trouve boulevard Exelmans. C'est l'appartement de ses débuts, c'est celui où il va vivre désormais. C'est également celui où il va mourir...

Le succès est donc définitivement présent mais, en même temps, Claude est triste. Doublement triste même puisque son père vient de mourir et qu'il connaît de graves problèmes sentimentaux avec Janet.

« La mort de papa fut un coup terrible pour Claude, déclare Josette. Il n'arrivait pas à se pardonner de ne pas avoir rétabli le contact avec son père. Je n'ai jamais vu Claude autant pleurer qu'à l'époque de la mort de papa... »

Quant à Janet, devenue danseuse dans la troupe d'Arthur Plashaert, après avoir participé au spectacle de Johnny Hallyday, vedette américaine à l'Olympia, elle lui annonce un soir son départ pour l'Angleterre, l'abandonnant définitivement.

Seul au milieu de son appartement vide, Claude pense aux paroles de Louis Frosio deux ans plus tôt, alors qu'il s'apprêtait à quitter Monte-Carlo. Frosio s'était trompé en ce qui concernait sa réussite mais il avait eu entièrement raison à propos de son échec sentimental, lui ayant prédit un divorce probable.

Janet s'était éloignée de lui peu à peu, parce que leurs vies étaient différentes, parce que leurs goûts, leurs occupations n'étaient plus les mêmes. Claude vivait la nuit, dans les boîtes, et dormait dans la journée. Janet répétait la danse l'après-midi, travaillait le soir, se reposait pendant que Claude chantait. Tandis qu'il enregistrait « Belles, belles, belles », elle était à l'Olympia, mais se détachait de plus en plus de lui. Elle fréquentait de nouveaux amis elle évitait de plus en plus souvent son mari, elle ne rentrait pas toujours coucher à l'hôtel. C'est pourquoi elle n'est plus là lorsque « Belles, belles, belles » apporte à Claude son premier triomphe.

Claude François avait accompagné sa jeune femme pour lui dire adieu, tous deux ayant décidé de se séparer en amis, ne pensant d'ailleurs pas encore au divorce. Ils ne devaient plus se revoir comme mari et femme...

Dès lors, Claude va redevenir le jeune homme qu'il était à Monte-Carlo, c'est-à-dire un garçon travailleur mais dragueur impénitent. Il le restera jusqu'en 1966, date de sa rencontre avec une certaine Isabelle Forest...

L'IDOLE

A la mort d'Aimé, Lucie François vient s'installer à son tour à Paris. Elle habitera boulevard Exelmans elle aussi, presque en face de l'appartement de son fils. Marquée par le chagrin, elle est également éprouvée par la séparation de Claude et de Janet. Elle se rappelle leur rencontre à Monaco, ce soir où la jeune Anglaise avait applaudi Claude François, jeune chanteur débutant.

« Ils s'étaient revus le lendemain pour déjeuner à la Turbie. Claude avait emprunté la vieille voiture américaine d'un musicien. Après le repas, il avait emmené Janet au cinéma. Elle ne comprenait pas très bien le français mais je suis sûre qu'au bout de quelques jours, elle savait déjà que Claude voulait l'épouser. Il avait vingt et un ans, l'espoir au cœur mais pas un sou en poche. C'est pour cela qu'il a attendu quelques mois avant de se marier.

« Ce mariage, il a réussi à ne pas trop le retarder grâce à Onassis. En effet, l'orchestre dans lequel Claude chantait avait été engagé pour se produire devant le célèbre milliardaire. La représentation avait eu lieu dans la salle à manger du yacht. Parmi les invités figuraient Grace Kelly et Maria Callas. De grandes dames que mon fils eut tout le loisir d'admirer. Il admirait aussi sur les murs de ce palace flottant les tableaux signés Renoir et Picasso. Il m'avoua plus tard que, devant le buffet où croulaient caviar et foie gras, il ne pouvait s'empêcher de penser à nous et à la femme qu'il allait épouser, alors qu'il n'avait même pas assez d'argent pour payer les alliances !

« Et puis, à la fin de la soirée, au moment où les hommes d'équipage s'apprêtaient à raccompagner les musiciens au port, Onassis offrit à chacun d'eux une enveloppe contenant cinq mille francs ! Une fortune à l'époque, surtout pour Claude ! C'est grâce à cet argent qu'il a pu épouser son amie Janet. »

Lucie a toujours été attachée à Janet et c'est pourquoi elle est triste aujourd'hui, en ce printemps 1963.

« A la mort de mon mari, je me suis retrouvée seule à Monte-Carlo. Ma belle-fille voyageait de plus en plus avec les ballets d'Arthur Plashaert. Claude me téléphonait de temps en temps pour me tenir au courant de sa nouvelle situation. Je me rappelle ce jour où sa voix si claire est devenue terne et triste. Janet qui s'était produite en première partie de Gilbert Bécaud à l'Olympia, avait décidé de l'abandonner. Claude la croyait chez sa mère à Londres, mais en fait elle était partie définitivement et il n'allait jamais la revoir, du moins en tant qu'épouse. Un peu plus tard, je reçus une lettre de Janet qui commençait par ces mots :

"Chère Chouffa (Claude m'appelait ainsi par affection et Janet faisait comme lui), Claude et moi nous nous sommes mis d'accord, il est au courant, c'est fini et c'est mieux comme ça..."

« Quand Claude m'appelait, il me suppliait de le renseigner pour que je lui dise avec qui Janet était partie. Mais à chaque fois que j'essayais d'en savoir plus auprès de ses anciennes amies, celles-ci restaient muettes... »

Lucie était donc montée à Paris, elle avait retrouvé son fils qui lui avait fait écouter son premier succès, « Belles, belles, belles », et l'avait aidée à emménager dans son nouvel appartement.

Lucie passe maintenant ses journées à écouter la radio, dès cinq heures du matin, début des premières émissions, jusqu'au milieu de la nuit suivante. Elle veut savoir si « Belles, belles, belles » marche, si cette chanson plaît aux jeunes, si les programmateurs la passent souvent. Parfois, elle coche le nombre de passages à l'antenne prenant ainsi une part active au succès de Claude, du moins à son petit niveau. Souvent, le soir, elle va dîner avec son fils à « L'Ecureuil », un petit restaurant sympathique où les rejoignent Françoise Hardy et Jean-Marie Périer, deux nouveaux amis de Claude François. Mais dans la journée, elle ne revoit guère son fils, beaucoup trop accaparé par son métier. Il ne dort déjà en effet que six heures par nuit, passant tout le reste de son temps à travailler.

Du jour au lendemain, la vie de Claude est devenue totalement différente, tant sur le plan privé, puisqu'il est désormais seul, que sur le plan professionnel où il n'a plus une seconde à lui. Il est maintenant un homme public et, à ce titre, il se doit à ses déjà nombreux admirateurs.

La presse des jeunes s'empare de lui. Dans *Age tendre et tête de bois,* on peut lire dès la sortie du disque :

« Claude François comme Sinatra ! »

« Il a de beaux yeux verts, une bouche bien dessinée, il a une belle voix dont il se sert avec beaucoup de maîtrise. Avec tout ça, je ne sais pas si vous êtes de mon avis mais je vois l'avenir en rose. Il a d'ailleurs de merveilleux atouts dans son jeu. Il a été danseur au "Caramel". Il a appris le madison à B.B. Aujourd'hui il chante et on commence à entendre prononcer souvent par les amis ce nom de Claude François. "Oui c'est mon vrai nom et je me demande pourquoi j'en changerais !" »

Dans le magazine *Salut les copains,* numéro 6, on peut lire un long article consacré à la nouvelle vedette et intitulé « Le chouchou inconnu de *S.L.C.* qui chantait "Belles, belles, belles", c'est Claude François ! » Cet article est signé par Claude lui-même. En voici quelques extraits :

« La première lettre de fan que j'ai reçue arrivait du fond d'un bled anonyme, au fin fond de l'Allier. Voilà ce qui donne du cœur pour continuer : ne plus se sentir seul et savoir que d'autres fredonnent avec vous, quelque part, devant un transistor. Surtout quand on débute vraiment. Vous penserez que j'ai un nom assez banal. Tant pis ! Pour une fois un chanteur de rythme aura un nom français...

« J'ai joué de la batterie dans des orchestres de jazz, j'ai fait partie de groupes vocaux. J'ai fait aussi la chorégraphie du film *Comment réussir en amour* pour les Chaussettes noires. La danse, autant que la chanson, c'est toute ma vie. Je suis un mordu. J'ai même donné la réplique au champion du mashed potatoes : Conrad Pringle. Ce sont des séances où ça chauffe !...

« Un jour, Phil Everly (un des frères du même nom) a composé un air que j'ai trouvé formidable. J'ai décidé de faire des paroles françaises et de l'enregistrer. Aussitôt fait, la chanson « Belles, belles, belles » était née. J'ai eu la chance d'être accompagné par Christian Chevallier qui est un jazzman accompli et la séance fut impeccable. J'ai maintenant des tas d'idées sur les arrangements musicaux et si le directeur artistique me fait confiance, ça sera chouette. Ce que j'aime dans la vie ? Le travail bien fait, le soleil brûlant, les types qui n'en rajoutent pas. Je déteste les chanteurs qui chantent faux et ceux qui chantent n'importe quoi. Mon rêve, c'est la comédie musicale. Chanter et danser – mes deux amours – dans le cadre d'une histoire véritable, ce serait terrible. Vous me direz si j'ai raison ou si je perds mon temps. »

Non, Claude ne perd pas son temps. Un jeune imprésario de trente ans, Paul Lederman, s'en rend immédiatement compte et décide de lui rendre visite. Lederman, le plus jeune imprésario de France à l'époque, s'occupe alors de Lucky Blondo. Ce même Lucky qui devait initialement enregistrer « Girl, girl, girl ».

L'imprésario est présenté par Jean-Jacques Tilchet à Claude François. Lederman et le jeune chanteur que la presse s'arrache déjà se rencontrent en tête à tête, boulevard Exelmans, pendant de longues heures. Tout de suite, les deux hommes se sentent proches l'un de l'autre. Ils comparent leurs idées, leur façon de voir ce métier relativement nouveau pour chacun d'eux.

De Claude, certains affirment qu'il ne durera pas plus de quelques mois. Paul Lederman et lui-même sont décidés à prouver le contraire à tout le monde. Dès le lendemain, ils signent un contrat d'association professionnelle.

Si Lederman n'a pas eu beaucoup de chance avec Lucky Blondo, son précédent « poulain », c'est parce que Lucky était jeune, un peu tout fou. L'entente n'était pas terrible entre les deux hommes. Avec Claude, ce n'est pas du tout la même chose. Lederman le prend en main et ne le quitte plus une seconde, dix-huit heures sur vingt-quatre. L'équipe qu'ils forment ensemble est unie et marche à merveille.

Paul Lederman, l'homme qui a lancé Claude tout en se lançant lui-même, raconte cette période de sa vie.

« Je l'ai entendu avant de le connaître. C'était un garçon inconnu qui chantait « Belles, belles, belles ». Comme j'avais trouvé ça formidable, je suis allé le voir et je lui ai dit que je trouvais fantastique ce qu'il faisait. Au début, je voulais seulement lui parler, lui proposer quelque chose. Il m'a tout de suite dit "oui, d'accord" !

« On a discuté pendant des heures. Je lui ai expliqué tout ce que je lui proposais, comment je voyais les choses pour la suite de sa carrière. Je débutais moi aussi, alors on s'est compris tout de suite. Ma façon de voir ce métier et sa façon de le concevoir coïncidaient exactement dans leur originalité, à l'époque.

« On disait que Claude François allait durer six mois, qu'il allait faire encore un disque après "Belles, belles, belles" et que ce serait fini. Moi, comme tous ceux qui l'avaient approché, j'étais certain du contraire, je connaissais l'énergie fantastique qui l'animait. Il avait une revanche à prendre sur la vie. Il voulait effacer l'expulsion d'Egypte, la mort de son père, son échec avec sa femme qui l'avait laissé tomber.

« Pour lancer "Belles, belles, belles", on a battu un record ensemble qui n'est pas près d'être battu : cinq jours et cinq nuits sans dormir. Des télévisions partout, dans tous les coins de France. On n'arrêtait pas mais il avait une telle foi dans ce qu'il faisait qu'il restait toujours en forme, qu'il continuait d'inspirer confiance... » (Extraits de *Claude François Story.*)

Quelques semaines plus tard, Claude commence sa première tournée et ses premiers galas à travers le pays. Parce qu'il n'est pas très grand, il décide de se faire une image de marque très différente de celle du numéro un de l'époque : Johnny Hallyday. Toujours impeccablement habillé, souvent en costume, cravate, voire en nœud papillon, Claude apparaît comme un chanteur raffiné, ce qui contraste sérieusement avec tous les yé-yés, de Johnny à Eddy Mitchell en passant par Dick Rivers et Vince Taylor.

Ainsi, il plaît à la majorité du public, des plus jeunes aux plus âgés. Claude ne fait cependant pas l'unanimité parmi les gens du spectacle. Certains de ses collaborateurs le jugent un peu trop dur, trop méticuleux. Il passe des heures sur des détails insignifiants, pique de terribles colères quand il n'est pas compris. Des colères qui rappellent celles de « Papa Vieille France »... Pour qui se prend-il, ce débutant ? A qui veut-il apprendre le métier ?

Dès le jour de ses débuts, Claude se révèle donc amoureux de la perfection. Il sait que c'est seulement ainsi qu'il parviendra à être le meilleur, le plus grand, le plus célèbre.

En tournée avec Paul Lederman qui ne le quitte pas d'une semelle, Claude se défonce littéralement. Il ne mange souvent que des sandwiches, somnole parfois quelques minutes seulement dans leur voiture, entre deux villes-étapes. Jamais Claude ne rechigne au travail, au contraire. Pour lui, son métier ce sont d'éternelles vacances !

Jean-Jacques Tilchet va le voir de temps en temps sur cette première tournée. Il est étonné de constater que dès l'arrivée de Claude dans une nouvelle ville de province, il exige immédiatement une répétition, faisant recommencer toute l'équipe, des techniciens aux musiciens, autant de fois qu'il le juge nécessaire.

Claude est la vedette américaine de cette tournée, passant juste avant l'entracte, juste avant Eddy Mitchell et les Chaussettes noires. A l'origine, il ne devait chanter que trois chansons mais le succès est tel dès les premiers jours que l'organisateur des galas n'hésite pas à proposer à Claude François d'occuper la tête de l'affiche, en remplaçant Eddy Mitchell contraint de retourner à sa base car il fait actuellement son service militaire et n'obtient pas l'autorisation nécessaire pour venir chanter chaque jour. De trois chansons, Claude passe donc à un récital complet et doit interpréter une dizaine de mélodies, c'est-à-dire celles qui figurent sur les trois 45 tours qu'il a déjà enregistrées, ainsi que d'autres chansons qu'il interprétait à Monaco, sans oublier les prochaines qu'il commence ainsi à roder. En deux jours, il est passé au sommet !

Avec son premier cachet important, il offre un manteau de fourrure à sa mère, Lucie, ce manteau qu'elle a souvent admiré dans la vitrine d'un grand magasin de la rue de la Boétie.

Josette elle-même décide de se consacrer à la carrière de son frère et l'aide de son mieux en devenant « secrétaire de vedette ». Ainsi, la famille est toujours unie, réunie même autour du boulevard Exelmans, soit chez Claude, soit juste en face : chez Lucie. Lucie qui se souvient du jour où Claude l'a appelée en pleine nuit pour lui apprendre qu'il avait enfin trouvé cet appartement qu'il recherchait depuis plusieurs semaines.

« C'est un appartement formidable, un duplex avec une terrasse au huitième étage. J'emménage dès demain. Ma fille et moi avons réuni ses affaires pour les lui apporter à cette adresse qu'il n'allait jamais plus quitter, au cœur du 16e arrondissement, 46, boulevard Exelmans. L'immeuble était neuf et magnifique. Claude nous attendait impatiemment devant l'ascenseur, tout excité à la pensée de nous montrer ce petit bijou ! L'appartement nous plut aussitôt et en particulier la double terrasse où Claude nous parlait déjà des bains de soleil qu'il prendrait au printemps suivant. Toute la nuit, Claude marcha de long en large, inspectant les pièces, et pensant déjà à la décoration de sa maison. Jacques Willeme, décorateur de son état, fut sur le pied de guerre dès le lendemain matin tandis que moi, déjà familiarisée avec la cuisine, je confectionnais des œufs au bacon et quelques gâteaux arabes de ma composition afin de restaurer tout mon petit monde.

« Claude choisit de décorer sa chambre dans le style anglais, tendu de velours cannelle, dont le plafond plissé se terminait en un immense soleil. Le salon bleu nuit et l'entrée tapissée de rouge avec des motifs japonais furent remplis de lampes d'Aladin. Dans les placards, je décidai de faire des étagères pour mettre ses affaires qui devaient rester toujours impeccablement pliées. Quant à Josette, elle lui offrit tous les cintres recouverts de velours rouge, vert, tilleul et dorés, faits par un antiquaire, pour ces placards dignes de lui. »

Au cours de cette première tournée d'été, Claude n'a plus guère le temps de penser à l'appartement du boulevard Exelmans. Il sait que sa mère s'y rend fréquemment, que sa sœur s'occupe de ses affaires à Paris. Lui est avec Paul Lederman, reçoit la visite régulière de Jean-Jacques Tilchet, a la confirmation des bonnes ventes de son disque.

Au mois d'août, pendant une semaine, ils se retrouvent sur la Côte d'Azur. Mais plus question pour lui d'incognito. A Cannes, sur la plage, il est assailli par des dizaines d'adolescentes. Il en est de même à Nice, bien qu'il porte des lunettes noires pour éviter d'être reconnu. A Monaco, où il est considéré comme l'enfant du pays, ceux qui étaient ses amis osent à peine aller lui dire bonjour, de crainte qu'il ne les snobe. Mais Claude n'est pas comme cela, alors c'est lui qui fait les premiers pas dans leur direction.

Une voiture américaine des disques Philips sur laquelle figure en grosses lettres le nom de Claude François sert au transport de ses musiciens. Claude a tout juste le temps, chaque jour, d'avaler un petit déjeuner dans sa chambre d'hôtel, avant de reprendre la route pour le gala du soir ou bien pour une émission de radio, apparemment décontractée, soit sur R.M.C., soit sur R.T.L. ou Europe I. Pendant ce qu'il appelle « ses vacances », il passe toute une soirée au micro de « Service de nuit », animé par Michel Cogoni sur cette dernière station périphérique.

Sur les conseils de Paul Lederman – et parce qu'il est lui aussi de cette opinion – Claude François soigne ses rapports avec la presse. Dès cette époque (mais ce sera toujours le cas jusqu'à la fin de sa vie), Claude accepte de répondre aux questions des intervieweurs, qu'il s'agisse d'émissions importantes de radio ou simplement d'un petit mensuel obscur à audience limitée. Il prévilégie tout de même les magazines comme *Salut les copains* qui l'ont aidé à ses débuts. Ainsi, pour mieux le faire connaître encore de ses lecteurs, *Salut les copains* pose « Quarante questions à Claude François » dans son numéro 16 du mois de novembre 1963 :

Q. : On a souvent dit que tu ressemblais, sur scène, à un petit pantin désarticulé. Qu'en penses-tu ?

R. : Tout dépend de la personne qui le dit car, parfois, cela peut être admiratif et j'en suis ravi. Si on m'en faisait le reproche, je répondrais que c'est absolument faux, car un pantin ne se contrôle pas : il est animé par une tierce personne. Alors que je me contrôle toujours, sur scène.

Q. : Que penses-tu de toi en tant que « showman » par rapport aux autres hommes de scène français ou américains ?

R. : A l'exception de quelques supercracks comme Sammy Davis, devant lesquels tout le monde s'écrase, finalement les Américains seraient plutôt en retard sur nous. Par rapport à ce que font les autres chanteurs français, d'après ce que l'on m'a dit, et bien qu'il évolue tous les jours, je crois que mon spectacle n'est pas mauvais. Certains (ce n'est pas moi qui le dis) pensent que je suis le meilleur.

Q. : N'as-tu pas tendance à te prendre un peu pour Sinatra ?

R. : Cette question est complètement idiote, mais enfin puisqu'il faut y répondre ! J'admire infiniment Sinatra, autant pour sa belle voix que pour son métier. J'étais chanteur d'orchestre, comme lui. J'essaie de chanter aussi juste que lui, mais évidemment, sur scène, je ne peux pas être aussi statique. Il est un peu froid. Il lui manque cette chaleur qu'ont les Noirs. Moi, j'essaie d'être fougueux, de remuer, de faire bouger la salle. Il est vrai que c'est dans le but de lui ressembler que je choisis des chansons qui veulent dire quelque chose...

Q. : Quels sont tes héros dans la vie réelle, dans l'Histoire, dans le roman ?

R. : Dans l'Histoire, j'opte pour Napoléon. Je l'admire car c'était le plus petit des grands chefs d'Etat. Quant à mon héros de roman, c'est d'Artagnan. Dans la vie réelle, actuellement, je ne vois pas qui citer.

Q. : As-tu des opinions politiques ?

R. : Non ; mais je crois que je suis gaulliste, par conformisme.

Q. : A quelle classe sociale t'identifies-tu le plus facilement ?

R. : A la bourgeoisie, car elle a aussi son bon côté. Mais pendant mon enfance en Egypte, j'allais plus volontiers jouer avec mon cousin, qui vivait dans un milieu d'ouvriers.

Q. : Ton style de vie te pousse-t-il vers le château ou la chaumière ?

R. : J'aime le côté romantique du château et l'aspect simple de la chaumière. J'ai connu les deux et je vis entre les deux. Et je m'en porte bien.

Q. : Quelle importance accordes-tu à ton confort personnel ?

R. : Une importance énorme. Je vais enfin quitter la tristesse des chambres d'hôtel froides pour un appartement douillet. J'en suis ravi, plus pour le confort que j'en aurai que par goût du luxe.

Q. : Quelle importance accordes-tu à l'argent ?

R. : Si je pouvais vivre sans argent, je le ferais. Mais aujourd'hui, pour avoir un petit coin d'air frais avec trois arbres verts, il faut de l'argent.

Q. : Que fais-tu du tien ?

R. : Une fois le percepteur payé (il prend jusqu'à 65 % de mes recettes), et les frais de voiture, les cachets de l'arrangeur, du secrétaire et des musiciens payés, il ne me reste plus grand-chose. Ma folie : mes costumes.

Q. : Quel est selon toi, le comble de la misère ?

R. : La faim. Je l'ai connue. En 1956, quand nous avons quitté Suez, nous nous sommes retrouvés, ma mère et moi, sans un franc, ne connaissant personne, et n'ayant plus de quoi manger pendant plusieurs jours.

Q. : Quel serait ton plus grand malheur ?

R. : Que ça ne dure pas. « Ça » veut dire la possibilité d'exercer mon métier.

Q. : Sous quelle forme Dieu te tracasse-t-il ?

R. : Sous celle de l'Enfer.

Q. : Es-tu en règle avec ta conscience ?

R. : Je ne peux pas parce que je suis trop maniaque. J'ai l'impression d'être toujours en retard...

Q. : Vas-tu à l'église ?

R. : Quand j'en ai le temps, oui. J'ai été enfant de chœur pendant huit ans !

Q. : Es-tu superstitieux ?

R. : Terriblement.

Q. : Aimes-tu la solitude ?

R. : Beaucoup. J'aime surtout me retrouver paisible, sur une plage, avec du soleil, du vent autour de moi.

Q. : Quelle qualité préfères-tu chez l'homme, chez la femme ?

R. : La franchise, l'honnêteté chez le premier. La fidélité chez la seconde – mais elle est si rare.

Q. : Que détestes-tu par-dessus tout ?

R. : L'hypocrisie. Si quelqu'un à qui je me suis confié comme à un ami, me trahit sciemment, alors j'ai l'impression d'avoir été violé.

Q. : Quel est ton principal défaut ?

R. : J'aimerais le connaître. C'est aux autres de le découvrir. Je crois que je suis insupportable quand j'atteins un maximum d'énervement. Si le manque de sang-froid était un défaut, ce serait le pire des miens. Et tu pourrais ajouter un excès de franchise, une certaine tendance à être maniaque.

Q. : Quel est le principal trait de ton caractère ?

R. : L'anxiété, la crainte de ne pas assez bien faire, de ne pas donner le maximum de moi-même sur scène : c'est maladif.

Q. : Quelle est ton occupation préférée ?

R. : L' « occupation préférée » indique toujours l'absence d'autres occupations. Non ? Ma distraction préférée est le cinéma. Devant un écran, enfin, je me décontracte. Si j'avais du temps disponible, j'aimerais faire l'élevage de petits animaux, les croiser pour observer quels résultats cela donnerait – chez les poissons, chez les oiseaux..

Q. : Quels sont tes noms, tes mots, tes expressions favoris ?

R. : Anastase, Giscard d'Estaing, perruche, cocker (parce que ça fait snob), la chasse, Brigitte, « elle est belle », « what's new », « ça craint », « c'est la tasse », « il est taré ».

Q. : Existe-t-il une idée ou un slogan qui te revienne une fois par jour à l'esprit ?

R. : Oui : « Je vais être en retard ! »

Q. : Quel don de la nature aimerais-tu posséder ?

R. : L'intelligence. Je ne me prends évidemment pas pour un idiot, mais j'aimerais avoir la superintelligence, l'intelligence empirique, qui permet d'extraire la quintessence de toutes choses, de la mort par exemple.

Q. : Quels sont ton auteur, ton film préférés ?

R. : Alfred de Musset ; *West Side Story*.

Q. : Quels sont ton plat et ta boisson préférés ?

R. : Dans la cuisine chinoise, j'aime bien le « pâté impérial ». Comme boisson, l'orange pressée me convient – sans eau ni sucre ni glace.

Q. : Quelles sont ta couleur et ta saison préférées ?

R. : Le bleu ciel et l'été.

Q. : Dans une maison, quelle est la pièce que tu préfères ?

R. : La chambre à coucher.

Q. : Le meuble ?

R. : Mon armoire à costumes. C'est une relique pour moi.

Q. : Où aimerais-tu vivre ?

R. : Dans une île, près d'une plage de sable immense, avec des palmiers qui plongent dans l'eau, sous un soleil fougueux. Là, je crois que je deviendrais génial.

Q. : Quels sont les peuples du monde que tu préfères, ceux que tu aimes le moins ?

R. : J'aime beaucoup les Noirs d'Afrique, en particulier les Soudanais. Le premier luxe que mes parents se soient offerts après leur mariage fut l'engagement chez nous, d'un petit domestique noir. Nous sommes devenus amis, il m'a souvent emmené chez les siens. C'est parmi ces gens-là que j'ai rencontré le plus de franchise et de simplicité... Etant totalement antiraciste, il n'y a évidemment pas de peuple que

« j'aime le moins », mais il y a des gens qui m'ont déçu : les Suisses. Quand je suis passé sur scène dans leur pays, je me suis donné autant de travail que n'importe où ailleurs et ils n'on absolument pas réagi. Je ne vois pas d'explication à cette froideur, sinon que leur légende de gens un peu mous doit finalement être assez vraie.

Q. : Comment te représentes-tu l'avenir ?

R. : Je ne le vois qu'à travers mon métier, et je l'imagine assez clair car, pour qu'il soit brillant, il faut qu'on commence par y croire. On est superstitieux ou on ne l'est pas.

Q. : D'une façon générale, as-tu peur parfois ?

R. : Oui, j'avoue que je suis peureux ou plutôt que je m'affole facilement. J'ai d'ailleurs toujours avec moi un garde du corps : Jules.

Q. : Comment aimerais-tu mourir ?

R. : J'aimerais ne pas mourir. J'ai une peur terrible de la mort et dès que j'ai le temps je me plonge dans des bouquins traitant de la méthode de survie. J'ai envie de partir pour les Indes. Là-bas, certaines personnes ont découvert des moyens de vivre plus longtemps. Si on me donnait à choisir entre mourir et continuer à vivre quelques années de plus dans un tonneau de lave bouillante, je crois que je me déciderais pour la seconde solution.

Q. : Pourquoi chantes-tu du rock, et non des valses viennoises ?

R. : Je suis pris au « jeu » du rock et même s'il devait passer de mode, je continuerais à le chanter. Il m'arrive ce qui est arrivé aux jazzmen. Et à l'exemple de ceux qui auraient pu sacrifier leur goût profond du jazz au profit du twist et qui ont quand même continué à faire ce qui leur plaisait, je reste fidèle à « ma » musique.

Q. : Crois-tu que ta musique exprime quelque chose, ou qu'elle soit uniquement destinée à distraire ?

R. : Les gens qui viennent me voir, qui achètent mes disques, le font pour sortir de leurs soucis quotidiens. Je tiens à continuer de les distraire.

Q. : Quel est ton type de femme ?

R. : Blonde, de grands yeux clairs, un petit nez légèrement retroussé, un très joli corps, un personnage assez effacé, lointain et étrange. Je cherche en la femme l'équilibre de la beauté et de l'intelligence. Je préfère une fille belle et surtout objective et franche, à un laideron supérieurement intelligent qui me donnerait des complexes toute la journée.

Q. : Que penses-tu du mariage ?

R. : Je le garde pour mes vieux jours. Pour le moment, j'attrape un torticolis toutes les fois que passe une jolie fille dans la rue. »

Claude dit vrai : il regarde toutes les jolies filles et il n'a absolument plus l'intention de se marier avant de longues années. Et encore : beaucoup plus tard lorsqu'il aimera et sera aimé d'Isabelle Forest, la mère de ses enfants, il refusera toujours de l'épouser..

Un disque qui marche, une première tournée avec quelques chansons, c'est bien mais cela ne suffit pas. Si Claude s'était contenté de ces premiers succès, il aurait donné raison à tous ceux qui prédisaient sa chute rapide. D'arrache-pied, après le triomphe de « Belles, belles, belles », il s'est mis au travail sur ses chansons suivantes. Désormais, il n'est plus tout seul pour faire cela puisque Paul Lederman, Jean-Jacques Tilchet et toute l'équipe des disques Philips l'aident au maximum. Mais avec son perpétuel souci de perfection, il tient toujours à prendre les grandes décisions lui-même.

Ainsi, au printemps 1963, c'est-à-dire quelques mois avant sa première tournée, Claude a enregistré un second 45 tours (si l'on excepte le « Nabout twist » dont il ne veut plus entendre parler). Le titre vedette en est « Marche tout droit ». En moins d'une semaine, la chanson est classée numéro Un en France, puis suit la même trajectoire en Italie. Sur ce microsillon, les trois autres mélodies enregistrées sont également des petits succès, deux d'entre elles étant classées dans les hit-parades, ce qui est absolument exceptionnel : « Dis-lui », « Moi je voudrais bien me marier » et « Langage d'amour ».

Acclamé partout où il passe, dans toutes les villes où il chante, Claude se tue au travail mais semble ne pas en subir les conséquences. Il reste toujours en forme et ce sont ses amis, ses collaborateurs qui faiblissent à ses côtés, qui craquent.

Tandis qu'il poursuit sa tournée d'été, son troisième disque est mis en vente ayant pour titre vedette : « Si tu veux être heureux ». Comme pour le microsillon précédent, les autres chansons de ce 45 tours vont aussi bien marcher que celle-ci... et même mieux ! Jugez-en : la face B comporte « Des bises de moi pour toi », puis « Pauvre petite fille riche » qui deviendra, plus tard, le plus gros succès de ce disque !

Au mois de septembre 1963, Claude a déjà fait rentrer dans les caisses de la société Philips des dizaines de millions. Ce qui veut dire qu'il est lui-même à la tête d'une véritable petite fortune acquise en moins d'une année. Mais l'argent n'a pour lui que peu d'importance en soi. Il en veut beaucoup, mais parce que justement il en a été trop longtemps privé. Il en veut pour sa mère, pour tous les gens qui l'aiment et qui travaillent avec lui. Il en veut pour s'acheter tout ce dont il rêvait quand il n'avait pas de quoi s'offrir un sandwich à Monte-Carlo.

Dès cette époque, le cinéma s'intéresse à lui... Mais Claude ne s'intéresse pas au cinéma, du moins en tant qu'acteur. Malgré l'offre intéressante du réalisateur Claude Autant-Lara, il refuse la proposition qui lui est faite, de débuter à l'écran, par crainte de devoir délaisser trop longtemps sa carrière de chanteur. Jamais plus dans l'avenir il ne changera d'avis, sauf pour une apparition bénévole dans le film de son ami Guy Lux *Drôle de zèbres* (voir à la fin de cet album).

Un an après ses débuts, Claude est donc non seulement toujours présent mais il apparaît déjà comme l'une des valeurs les plus sûres de la chanson française, concurrençant l'idole incontestée jusqu'à ce jour : Johnny Hallyday.

D'autres disques viennent alors, remportant tous le même succès. Comme il l'a dit à *Salut les copains,* Claude reste fidèle à « sa musique ». Ainsi, pour le prouver, il enregistre successivement « Dona dona », « Je sais », « La Ferme du bonheur », « De ville en ville », « J'y pense et puis j'oublie », « Si j'avais un marteau », « Quand un bateau passe »...

Du rock, des twists, des slows...

DE VILLE EN VILLE,
DE SUCCÈS EN SUCCÈS

L'été 1964 ressemble à celui de 1963 comme leur ressemblera l'été 1965. C'est-à-dire que Claude François fait, chacune de ces années, une très longue tournée à travers la France, quelques villes de Belgique et de Suisse, quelques galas supplémentaires en Italie, enchaînant succès sur succès.

Mais l'année 1964 est surtout marquée par l'acquisition d'un vieille propriété vétuste que Claude s'achète avec ses premières royalties importantes. Il baptise cette maison « Le Moulin », en devient propriétaire au mois d'avril et commence immédiatement les travaux de rénovation. Ce moulin, Claude l'a voulu pour sa mère, aurait aimé que son père y vive lui aussi, c'est un peu comme s'il s'était offert la belle villa d'Ismaïlia, au cœur de l'Ile-de-France, afin de réunir sa famille. Depuis plusieurs semaines déjà, il la cherchait en cachette, cette maison, pour en faire la surprise à Lucie mais avec beaucoup de difficultés à la dénicher. Ou bien les propriétés qu'on lui présentait étaient trop chics, trop snobs, trop froides, ou bien elles ne correspondaient absolument pas à sa vision, à son idéal, à sa « ferme du bonheur ».

Et puis, un soir, Claude arrive chez Lucie, lui brandit une feuille de papier sous le nez, en s'écriant : « Regarde ça, c'est pour nous ! »

Sur le papier, Lucie voit les mots : « Titre de propriété. Monsieur Claude François . »

Tandis que Lucie lit ce document, Claude, fou de joie, dit à sa mère :

« Tu vas voir, maman, nous y passerons de merveilleux week-ends tous ensemble, comme avant, en Egypte. J'en ferai un lieu fantastique où tous les amis sincères y seront les bienvenus. Dès demain, je t'emmène la visiter ! »

Le lendemain, accompagné de sa mère, de sa sœur et de Eric, le mari de celle-ci, Claude part en direction de Dannemois, près de Milly-la-Forêt, dans un break bleu marine qui lui sert habituellement à faire les courses. La propriété est effectivement splendide, mais elle a besoin de nombreux aménagements et d'une réfection importante. Qu'à cela ne tienne, Claude est décidé à en faire un véritable paradis, quel que soit le coût des travaux.

Ainsi, quelques mois plus tard, chaque week-end ou presque, Lucie, Marie-Josée, Eric et Claude, vont se retrouver dans le « Moulin » qui devient de plus en plus beau. Généralement, la famille arrive le vendredi soir, mais Claude ne rejoint sa mère et sa sœur que tard dans la nuit du samedi au dimanche, après s'être produit sur scène le samedi soir.

En ce printemps 1964, Claude est la vedette d'une tournée dans laquelle figurent le Petit Prince, un jeune garçon suisse qui chante avec lui, les Gams, ses quatre choristes, et les Lionceaux, un groupe de twist très en vogue. Il continue de recevoir des caisses entières de lettres de fans, garçons et filles. Comme Claude, malgré son manque de temps, tient absolument à tout voir, à tout savoir, il exige que la maison Philips envoie ces caisses au « Moulin », et le week-end se passe finalement à éplucher ce courrier, travail attribué en particulier à Josette qui sélectionne les lettres les plus intéressantes, les plus importantes à l'intention de Claude, celui-ci ne pouvant bien sûr pas tout lire lui-même.

Des fans, Claude en trouve partout, dans la rue bien entendu, dans les salles de spectacles, mais aussi souvent devant la porte de son immeuble parisien, de son appartement, parfois même à l'intérieur de l'appartement. Lucie se souvient d'une fan un peu particulière :

« ... C'est ainsi que Claude revint un jour avec une fan rencontrée boulevard Exelmans, devant chez lui. Elle s'appelait Josette Martin et séchait régulièrement ses cours de secrétariat pour venir attendre mon fils. Sa fidélité constante le toucha et, peu après, il lui proposa de l'engager comme secrétaire pour décharger sa sœur maintenant débordée par le courrier. Ainsi, « la famille » de Claude s'agrandissait de jour en jour. Je l'ai tout le temps vu employer des fans, pour assumer les responsabilités de son courrier et de son club... »

Aujourd'hui, la plupart des chanteurs pratiquent de la même manière, mais Claude a été le premier à trouver cette astuce. Il est en effet, évident qu'une fan, mieux que quiconque, s'acquittera de cette tâche, par amour pour son idole de patron.

Claude François choisit ses chansons, ses employés, il choisit aussi son orchestre. Ainsi, c'est lui par exemple qui a découvert René Urtreger, un pianiste connu jusqu'à présent pour ses disques de jazz. René a travaillé avec Miles Davis, Harold Nicolas, et beaucoup d'autres jazzmen. Pour lui, Claude Français n'était qu'un chanteur de variétés comme beaucoup d'autres et pas un instant il n'aurait pensé que son style de musique puisse intéresser la jeune vedette. Il avait entendu dire par ailleurs que les exigences de Claude contraignaient la plupart de ceux qui travaillaient à ses côtés à le fuir au bout de quelques mois, quelques semaines, parfois même quelques jours.

« Je l'avais vu à la télévision. Comme tous les jazzmen, j'avais tendance à jouer pour moi et non pour les autres. Je n'écoutais jamais les paroles des chansons et ce que j'avais vu de Claude me faisait doucement rigoler. »

C'est dire que lorsque René Urtreger reçoit un coup de téléphone de Claude François, il n'en croit pas ses oreilles. Le chanteur lui demande un rendez-vous ! René le lui fixe car, après tout, il ne perdra qu'une ou deux heures à parler à Claude François.

« J'avais rendez-vous avec Claude dans un studio d'enregistrement de la rue Jenner. Naturellement, – je dis naturellement mais alors je ne savais pas – il arrive avec deux bonnes heures de retard. J'allais m'y faire ! J'avais eu ainsi le temps d'écouter les maquettes des chansons que j'étais supposé devoir accompagner, si Claude m'engageait et si j'acceptais ses propositions financières. Car rien n'était encore décidé !

« Claude arriva enfin, me serra la main après avoir dit bonjour à tous les garçons de l'orchestre qu'il avait l'intention de former, se mit dos à nous et donna le signal de départ, comme s'il était sur la grande scène du Palais des Sports, alors que le studio faisait à peine six mètres carrés ! C'est peut-être ça, inconsciemment qui m'a décidé à rester auprès de lui. Ce type était un vrai pro et j'allais très vite découvrir que, contrairement aux jazzmen que le public ennuie, il s'éclatait lui-même en faisant s'éclater les spectateurs : il ne chantait pas pour lui tout seul et il savait quoi chanter et pour qui. »

Au milieu de la nuit, Claude se dit enfin satisfait du travail de la plupart des musiciens et propose à certains d'entre eux de le suivre dans sa tournée d'été. En 1964, c'est encore l'époque des petits groupes, des petites formations musicales, même derrière Claude François qui n'a pas encore toute son énorme machine avec lui.

Dans *Claude François Story,* René Urtreger raconte une anecdote très significative survenue au cours de la première tournée qu'il a fait avec lui :

« Je débutais dans ce style d'accompagnement et j'avais reçu au moins trois kilos de notes pour m'expliquer les enchaînements entre les chansons, ce que je devais faire pour démarrer ici, pour ne pas démarrer là. Avec Claude, tout était calculé au centième de seconde. Mais il n'avait pas compté avec moi ! Je perds une des mes précieuses feuilles de papier pendant qu'il chante ! Sans sourciller je passe à la page suivante... Et tout s'arrête ! Je ne comprenais pas. Le bassiste chuchotait : "La note !" Quelle note ? Le trompettiste disait : "La note !" J'avais les mains sur les genoux. L'imprésario, Paul Lederman, hurlait en coulisse : "La note !" Je me croisai les bras. Claude est alors venu près de mon piano, s'est mis à genoux, son micro dans les mains et a chanté : "La note !" » Tra la la... J'avais tout simplement oublié que, pour la cinquième chanson, "Si tu veux être heureux", je devais donner la première note à Claude qui enchaînait. Ce soir-là j'étais aux abonnés absents et malgré le numéro de Claude, que le public crut normal, je ne donnai toujours pas le "si". Ce fut le bassiste qui appuya un index énergique sur mon piano et donna le "si" à Claude qui enchaîna enfin.

« Ce fut notre première engueulade, qui se termina comme les autres, par un éclat de rire... »

Car les engueulades étaient effectivement très nombreuses. Tous ses collaborateurs, quand Claude François commençait à s'énerver, se regardaient sans dire un mot, jusqu'à ce que l'un murmure doucement comme pour lui-même : « Le tiercé ! »

Le tiercé, cela signifiait les trois coupables d'une bêtise, importante ou non. Une erreur due à des musiciens, aux choristes, plus tard aux Clodettes, aux techniciens ou même simplement au secrétariat. Si l'erreur avait eu lieu sur scène, dès que le rideau était tombé, l'habilleuse de Claude arrivait et lançait le nom des trois supposés coupables avec ordre qu'ils se présentent immédiatement devant Claude. Car systématiquement, il y avait au moins trois noms cités. Même si l'un d'eux était innocent, il n'avait plus qu'à se disculper devant le patron. Les trois garçons arrivaient dans la loge de Claude qui paraissait abattu, prostré sur sa chaise. Et brutalement, il éclatait. Parce qu'une simple lumière n'avait pas marché, parce qu'un instrument était parti d'un poil trop tôt ou trop tard, parce qu'une voix venant des coulisses avait été entendue sur la scène, Claude était en fureur. Une fureur qui durait parfois dix minutes, parfois deux heures.

De temps en temps, l'habilleuse lançait une phrase que l'ensemble de l'équipe craignait : « Claude veut voir tout le monde dans sa loge. » Là, c'était très grave. Si Claude voulair voir tout le monde, c'est qu'il avait besoin de s'expliquer, d'engueuler ses collaborateurs. La séance durait deux à trois heures, pendant lesquelles le chanteur se défoulait, insultait les gens, disait qu'il renvoyait toute l'équipe, repartait de lui-même sur un autre sujet qui l'énervait plus encore, sans qu'aucun n'ait ouvert la bouche.

Mais le tiercé comme l'engueulade générale se terminait invariablement de la même façon : Claude sortait une bouteille d'excellent whisky ou bien débouchait du champagne, redevenait gentil, et oubliait le passé. Quand toute l'équipe se séparait pour la nuit, il tapait sur l'épaule de chacun, amicalement, mais ajoutait néanmoins : « Ne croyez pas que ce que j'ai dit était de la rigolade. Demain, je ne veux pas que ça se reproduise, sinon, c'est la porte ! » Un sourire charmant pour prononcer ces mots mais une détermination certaine dans son regard.

En juin 1964, alors que Claude se prépare pour sa tournée d'été, Lucie sa mère se trouve dans l'appartement du boulevard Exelmans dont la décoration est maintenant terminée. Un après-midi, elle entend deux huissiers frapper à la porte, exigeant l'ouverture de l'appartement. Ils sont munis d'un tas de papiers timbrés et ont ordre de saisir tous les meubles qui se trouvent là. Comme quoi Claude n'est pas encore complètement un homme d'affaires averti puisqu'il a oublié de payer un impôt ridicule sur ses premiers cachets, une somme modique qui a mis en branle toute la machine administrative et dont le résultat est maintenant là, sur le palier.

Lucie n'est pas seule dans l'appartement puisque Josette travaille dans un bureau et que Claude est en compagnie d'un ami. Mais laissons Mme François raconter cette anecdote :

« Je pensais que mon fils allait se mettre dans une colère folle et mettre les deux huissiers à la porte. Mais il était au contraire ce jour-là d'excellente humeur. Il blaguait devant le flipper qu'il venait d'acquérir avec Jean-Marie Périer, son photographe qui travaillait à *Salut les copains* et qui était un ami de ses débuts. Quand Josette vint timidement lui annoncer l'étrange visite, très surpris mais pas du tout fâché, il arriva vers les huissiers en leur tendant une main amicale tout en leur demandant de bien vouloir expliquer le but de leur démarche. Il parlait avec eux, en les entraînant sur la terrasse dont il ouvrit la porte coulissante. Il les fit passer devant lui puis brusquement referma la porte. Les huissiers se retrouvèrent donc à l'extérieur, levant les bras au ciel en signe de désespoir, tandis que Claude riait comme fou de cette farce impossible. Pendant quelques minutes, il fit semblant de ne pas pouvoir débloquer la porte puis les libéra enfin sous une pluie de reproches.

« Ils partirent en nous menaçant : "Vous aurez très vite de nos nouvelles..." Mais jamais plus nous n'avons vu d'hommes de loi dont le sens de l'humour n'était pas la principale qualité ! »

Comme quoi les colères de Claude n'étaient pas une légende mais demeuraient toujours teintées d'un certain humour, d'une sympathie naturelle.

C'est avec la petite TR 4, une Triumph bleue, cabriolet sport, que Claude part pour sa tournée, dans la seconde quinzaine du mois de juin. Il est accompagné par son secrétaire Tild, un grand garçon aimable qui possède un accent toulousain fortement marqué. Par ailleurs une camionnette transporte tous ses vêtements soigneusement préparés par Lucie. Des chemises rayées, d'autres en toile à col arrondi comme c'est actuellement la mode, une bonne vingtaine de paires de chaussures, autant de pantalons en alpaga achetés sur mesure chez Camp's, place de la Madeleine, des sous-vêtements enroulés dans du papier de soie, etc.

Cette seconde tournée importante va durer soixante jours. Deux longs mois loin de Paris mais près de son public actuellement en vacances. Deux mois pendant lesquels sa mère va habiter au « Moulin », accompagnée en août par Josette Martin qui profite ainsi de l'été pour dépouiller le courrier au bord de la piscine. Si Claude a besoin d'un vêtement, d'un papier urgent qu'il a oublié, d'un bijou, il téléphone à Dannemois et aussitôt quelqu'un les lui apporte en voiture : généralement Marie-Josée et son mari Eric. C'est ainsi qu'au début du mois d'août, Claude retrouve son beau-frère et sa sœur sur la côte atlantique, tous deux étant venus spécialement de Paris pour lui apporter la splendide Ferrari gris métallisée qu'il avait commandée quelques semaines plus tôt.

Déjà en 1964, il arrive à Claude de se produire devant quatre mille fans et de casser la baraque. Mais que la salle compte cinq cents personnes ou bien quatre mille n'a aucune importance pour lui. Il se comporte de la même manière sur scène, tant avec son cœur, qu'il met dans chacune de ses interprétations, qu'avec son corps. Il a aussi les yeux et les oreilles à tout. Même pendant qu'il chante, il oublie sa propre voix pour écouter et juger les chœurs, l'orchestre, pour murmurer en reprenant son souffle une phrase à l'intention des techniciens, comme : « le micro siffle » ou « l'éclairage, davantage sur moi ! » ou « éteignez la lampe bleue » ou encore « on n'entend pas assez la batterie », etc.

Ainsi, tandis que se déroule apparemment sans problèmes le spectacle, techniciens et musiciens continuent sur scène ou en coulisses d'améliorer le déroulement du show.

Au mois d'octobre, la rentrée bat son plein et Claude fourmille déjà d'idées de nouvelles chansons. Il les fait écouter à quelques intimes, à sa mère, à Josette, pour les tester. Ce ne sont encore que des maquettes mais Claude veut savoir si elles ont ou non une chance de devenir un succès. Avec Jean-Jacques Tilchet, il écoute quantité de chansons étrangères. Dans la voiture, il fait de même en captant de nombreuses chaînes de radio grâce à un poste particulièrement perfectionné pour l'époque. Il fait ensuite une liste d'une centaine de titres qu'il réduit successivement, en en rayant un sur deux en moyenne. Puis il arrive à vingt chansons qu'il fredonne sur un magnétophone, qu'il enregistre sans orchestre. Les dix meilleures d'entre elles sont sélectionnées et cette fois enregistrées avec une bande musicale.

Puis enfin, il n'en reste plus que quatre, les quatre qui figureront sur le super 45 tours... Une telle manière de travailler est sans aucun doute très sûre, même si elle prend beaucoup de temps et exige beaucoup de travail. C'est probablement grâce à cette méthode que dès le début de sa carrière, Claude est parvenu à avoir sur le même disque deux, voire trois tubes. C'est probablement aussi grâce à elle qu'il a obtenu le Grand Prix de l'Académie Charles Cros pour son premier 33 tours.

A la fin de l'année 1964, Claude, sa mère et sa sœur, et quelques amis fidèles, passent leur premier réveillon au « Moulin », dans la joie générale.

Puis l'hiver s'achève. Puis c'est de nouveau le printemps.

Le 25 mai 1965, Claude est auprès de Lucie, chez lui, et écoute « Les Choses de la maison » sur son électrophone, son dernier succès. Une voiture vient le chercher pour le conduire à Abbeville où il doit se produire le soir même.

Le voyage est long mais passe très vite car Claude a plein de projets en tête. Il pense beaucoup, prend des notes, garde le silence, tout en écoutant son auto-radio. A Abbeville, il se dirige directement vers le lieu du gala. La salle est belle, mais la scène n'est pas en parfait état. Claude répète pendant deux heures avec son orchestre qui s'est installé là depuis midi. A neuf heures, les portes s'ouvrent, le public entre, aussi chaleureux envers lui qu'il l'est partout.

Le spectacle commence donc dans la joie générale, les battements de mains, les cris hystériques (qui vont toujours poursuivre Claude François où qu'il soit) et les décibels de plus en plus élevés. Il n'en faut pas davantage pour mettre le chanteur en pleine forme, aussi se déchaîne-t-il en dansant comme d'habitude son mashed potatoes. Et soudain, sous les chocs des pas de danse, les planches défectueuses de la scène craquent, un trou s'ouvre brutalement sous les pieds de Claude qui disparaît à travers le plancher. Bilan : trois côtes cassées.

Claude est conduit immédiatement à l'hôpital mais il va souffrir pendant près de quatre semaines. Revenu dans son appartement parisien, il est soigné par une infirmière mais aussi par Lucie qui lui refait jour après jour ses bandages aux vertèbres. Claude serre les dents et grimace de douleur, pas très heureux de devoir rester en convalescence pendant près d'un mois à la maison. Lucie en profite pour le gâter, comme lorsqu'il était petit, et lui cuisiner les spécialités italiennes qu'il préfère, tel le pasticcio.

L'inactivité ne convient cependant pas à Claude François, toujours nerveux, toujours impatient de mettre sur pied de nouveaux projets. Alors il écrit, il continue de prendre des notes, d'écouter des chansons américaines, de trouver des titres choc pour ses prochaines mélodies.

Devant chez lui, il y a toujours des quantités de filles, quelques garçons, qui écrivent des slogans sur les murs, qui passent leur temps les yeux braqués sur la fenêtre de leur idole, espérant apercevoir Claude, lui faire un signe, lui serrer la main ou lui demander un autographe s'il sort de son domicile. Claude ne se moque pas de ses fans. Il est heureux de les voir quotidiennement, par dizaines, tous les jours de la semaine, devant la porte de l'immeuble. Il ne les oublie jamais. S'il chante, s'il travaille aussi dur, c'est pour eux. Il veut leur bien-être car ce bien-être est son véritable plaisir. Et puis, il adore les enfants. Et pour lui, même si ceux-là ont seize ou dix-sept ans, ce sont encore des enfants.

Toujours dans son livre consacré à son fils, Lucie rappelle une histoire émouvante, qui a fait la une des journaux de l'époque, bien que Claude n'ait pas cherché à l'utiliser pour sa publicité.

Une petite fille, Lisette Malfroy, rêvait de connaître son chanteur favori. Elle avait dix ans et pourtant, malgré sa force, sa volonté de vivre, elle allait mourir. Depuis de longs mois, elle était atteinte d'une maladie très grave, la leucémie. Elle ne se levait plus, ne pouvait plus marcher. Elle s'exprimait avec beaucoup de mal, par monosyllabes. Sa maman lui avait demandé un jour ce qui lui ferait le plus plaisir au monde. Et sans hésiter, la petite Lisette avait avoué qu'elle voulait voir Claude François pour lui parler et lui dire son admiration. Elle écrivit donc une lettre émouvante à Claude. Quand il l'a lue, il ne put rester indifférent et n'hésita pas à lui envoyer aussitôt un télégramme sur lequel il avait écrit ces mots :

« Avant d'aller te rendre visite, je te parlerai personnellement, ma petite Lisette, ce soir à 20 h 30 dans l'émission de Radio Monte-Carlo. Je t'embrasse. A bientôt. Ton ami pour toujours. Claude François. »

Dès la réception de ce mot, Lisette recommença à sourire et, elle qui ne parlait presque plus, prononça de nouveau quelques mots, pour la première fois depuis bien longtemps. Son intuition d'enfant, de petite fille qui allait partir très loin, lui disait sans doute que son ami ne l'abandonnerait pas, qu'il allait être là, lui sourire, lui parler, lui prendre la main, et peut-être même chanter pour elle.

La date d'arrivée de Claude n'était pas prévue mais Lisette attendait avec impatience et sérénité le grand jour. Elle choisit un cadeau qu'elle allait offrir à Claude quand il serait près d'elle. Elle organisa toute sa journée, prévoyant que Claude mangerait et boirait avec elle. C'est ce seul but qui l'empêchait peut-être de mourir tout de suite.

Un matin arriva enfin la lettre tant attendue par elle. Claude allait venir avec un guitariste, six jours plus tard exactement ! La fillette mit un bandeau de mousseline bleu dans ses cheveux blonds clairs. Lisette s'était installée sur le bord de son lit et n'osait plus bouger de peur de froisser sa belle robe, de déranger le moindre détail de sa dernière toilette de petite fille. Elle avait attendu ainsi pendant plus d'une heure que la porte de sa chambre s'ouvrit et que commence son conte de fée personnel.

Enfin, Claude arriva et cette petite fille qui ne pouvait plus marcher se leva et alla vers celui qui était devenu son dieu. Elle qui ne pouvait faire aucun effort rassembla toutes ses forces pour tenir un instant sur ses jambes. Claude lui tendit les bras, souriant. Il avait pourtant envie de pleurer. Instantanément, lui et Lisette devenaient des amis et se comportaient comme tels, comme s'ils se connaissaient depuis toujours. L'enfant était heureuse, tellement heureuse ! Elle possédait tous les disques de Claude, mais le chanteur lui offrit son dernier titre qui n'était pas encore sorti dans le commerce et que personne ne possédait. C'était un enregistrement en direct du Festival de San Remo. Lisette, pour ne pas être en reste, lui offrit un petit ours en peluche, qu'elle avait baptisé « Marteau », en raison de la chanson que vous devinez.

Claude déballa des jouets et des chocolats qu'il disposa autour d'elle. Et ils se mirent à parler ensemble, comme si rien n'existait en dehors d'eux, comme si plus rien d'autre ne comptait. Claude lui demanda si elle voulait qu'il chante. Dans la pièce, le guitariste commença à gratter son instrument, doucement, sans trop faire de bruit, et Lisette chanta avec son idole...

Chaque jour qui suivit, Claude prit des nouvelles de sa petite amie. Mais un soir, alors qu'il chantait à Boulogne, un télégramme arriva dans sa loge : la petite Lisette était morte. (Elle habitait à Outrot, à quelques kilomètres de là.)

« Claude eut beaucoup de peine, raconte Lucie. Pendant longtemps, il me parla d'elle. Je me souviens aussi que chaque fois qu'il arrivait dans une ville lors de sa tournée d'été, il lui envoyait des cartes postales. Mon fils alla à l'enterrement et exigea qu'aucun journaliste ne soit présent et qu'aucune photo ne soit prise. Il aurait voulu que tout soit fait dans le plus grand anonymat. Mais les journalistes ont appris la chose et ont révélé cette histoire. Claude en fut très peiné car il ne désirait pas que certains pensent qu'il avait fait tout cela pour avoir un peu de publicité. Claude n'en était plus là depuis longtemps. D'ailleurs, il n'avait jamais eu besoin de ce genre de publicité, même quand il était encore inconnu. »

Au cours de l'été 1965, Claude François part en tournée avec Sylvie Vartan, partageant la vedette avec la jeune Mme Hallyday, tandis que le lever de rideau est assuré par Michèle Torr. Une quarantaine de villes, des milliers de kilomètres et un triomphe pour Claude... tandis que Sylvie se fait huer et reçoit des tomates !

A cause de cet échec scénique notamment, le climat n'est pas au beau fixe entre Claude et Sylvie. De plus, Claude n'admet pas que la jolie chanteuse lui ait préféré Johnny et ne soit pas amoureuse de lui. Car c'est là l'un de ses principaux défauts : il a besoin que toutes les femmes qui le côtoient l'admirent et l'aiment. Peut-être parce qu'il a perpétuellement peur de la solitude (ce qui est le cas de nombreux autres chanteurs habitués à être seuls en scène), peut-être parce qu'il a besoin d'être constamment rassuré.

Son autre gros défaut, comme l'a dit Vline Buggy, est d'être toujours en retard. Ainsi, il lui est déjà arrivé d'avoir quatre heures de retard à un rendez-vous important, à une séance d'enregistrement, ou à une répétition de télévision alors que cinquante ou soixante personnes l'attendaient pour commencer à travailler. Claude n'est pas en retard méchamment, intentionnellement, il sait que cela lui crée des problèmes et ne le rend pas sympathique à tout le monde. Mais c'est ainsi, il ne connaît pas l'heure, il ne se rend pas compte du temps qui passe. Il est aussi la victime de nombreuses futilités qui lui prennent quantité de minutes dans sa journée comme un passage chez le coiffeur, chez le maquilleur, des cadeaux à acheter, etc. Ces retards ajoutés à ce que certains appellent sa « maniaquerie » sont déjà profondément ancrés en lui. Tout cela n'arrange pas l'ambiance de la tournée, surtout que toute l'équipe se déplace dans le même car et que chacun dépend entièrement de son voisin.

Ne croyez pas cependant que ce soit la guerre entre Claude et Sylvie. Tout au plus un manque de compréhension qui s'arrangera au fil des ans.

Une tournée 65 qui va rester dans la mémoire de tous ceux qui y ont participé, qui l'ont vécue, mais aussi de tous ceux aussi qui ont assisté à l'un des galas de Claude, Sylvie et Michèle. Une bien belle affiche et beaucoup de talents réunis sur la même scène.

BELLE ISABELLE...

Les amours de Claude sont toujours pour le moins tumultueuses.

Jeune, beau, célèbre, toutes les femmes lui tombent dans les bras. Pourtant, au fond de lui, Claude est un sentimental, un idéaliste qui ne rêve que du grand amour. Son métier, son travail de chaque instant, ses galas, ses millions d'admiratrices sont finalement les seuls responsables de ses ennuis sentimentaux.

Le public ignore encore que Janet a quitté Claude. Pour beaucoup, c'est une petite séparation momentanée, une mésentente, voire un coup de pub ! Et puis la presse commence à laisser filtrer des bruits. La nouvelle arrive au grand jour et l'on peut lire dans *Ici-Paris* du 7 juin 1966, sous le titre « Je ne veux plus être Mme Claude François », une déclaration de Janet Woolcott :

« J'en ai assez d'être prise pour une femme sans cervelle et sans cœur. J'aimais Claude. Je nous voyais ensemble toute notre vie, je voulais un enfant de lui. Cette chaleur dont je rêvais, Claude ne me l'a pas donnée. Ce n'était pas sa faute, il n'était pas plus mûr que moi pour le mariage... Et il était jaloux comme un tigre. Je ne pouvais pas descendre chercher du pain sans qu'il me soupçonne d'aller à un rendez-vous !...

« Et puis, un jour, j'ai su que Claude faisait la cour à une autre femme, après un mois de mariage ! Ça, je ne lui ai jamais pardonné. D'un seul coup, toutes mes illusions étaient par terre. Il fallait que je comprenne une fois pour toutes qu'en nous mariant, nous avions uni nos deux solitudes, nos deux ennuis, mais pas nos deux cœurs... J'ai donc quitté Claude parce qu'il m'avait trop déçue. Puis j'ai rencontré un autre homme... Pourtant n'allez pas croire que Claude et moi soyons fâchés. Parfois nous nous rencontrons et nous nous serrons la main. Il me demande : "Es-tu heureuse ?" Ça ne va pas plus loin. Entre nous, il y aura toujours le souvenir de notre mariage manqué. »

Le divorce entre Claude et Janet Woolcott est prononcé le 13 mars 1967.

Quelques mois plus tôt, durant l'année 1966, Claude a connu un nouveau grand tournant dans sa vie sentimentale. Il a fait en effet la connaissance de celle qui restera « la femme de sa vie », bien qu'elle n'ait jamais porté son nom : Isabelle Forest.

Ce soir-là, Claude est appelé pour un important gala à Lyon. En première partie du spectacle doit se produire une troupe de ballets. Après avoir répété en fin d'après-midi, Claude déambule dans les coulisses comme il le fait fréquemment avant le lever du rideau. Il dit un mot gentil à chacune des danseuses, et c'est ainsi qu'il aperçoit par la porte de l'une des loges une ravissante fille blonde aux longs cheveux, aux magnifiques yeux bleus, qui achève de se maquiller et de se préparer pour le spectacle.

Claude est tout de suite subjugué par ce joli visage aux traits si purs, au petit nez retroussé ainsi que par son corps parfait. Pénétrant dans la loge, il engage la conversation avec la jeune danseuse et, immédiatement, tous deux se sentent bien ensemble. Ils commencent à discuter comme des amis de toujours, en oubliant presque le show et ne reviennent à la réalité que lorsque le régisseur appelle tout le monde sur la scène.

Après le gala, ils vont prendre un verre, discutent près de deux heures en copains, se sentent proches l'un de l'autre. Claude et Isabelle se quittent sur un « A bientôt ! » chacun devant reprendre sa route de son côté. Isabelle est persuadée qu'elle ne reverra jamais le chanteur. Quant à Claude, il va sûrement oublier la petite danseuse.

Mais, contrairement à ce qu'il pensait, Claude s'aperçoit que cette fille si belle, tendre et gentille, ne quitte pas ses pensées. De retour à Paris, à l'inverse de ce qui se passe d'habitude, plus le temps s'écoule et plus le souvenir d'Isabelle s'accentue.

Pendant ce temps, Isabelle Forest quitte Lyon pour venir tenter sa chance dans la capitale espérant réussir comme mannequin, en même temps qu'elle continuera la danse. Elle pose ainsi pour la couverture de plusieurs magazines féminins, tourne dans des romans-photos, apparaît dans plusieurs publicités. Si cela ne lui apporte pas la gloire, du moins gagne-t-elle pas mal d'argent et son visage commence à être connu et remarqué.

... Remarqué entre autres par Claude qui, sans le vouloir, tombe toujours sur l'un des magazines où figure le portrait de « sa » jeune danseuse. Bien qu'il cherche souvent et par divers moyens de revoir Isabelle, Claude n'y parvient pas. C'est seulement le hasard qui va les remettre en présence l'un de l'autre, quelques semaines plus tard.

Alors que Claude a rendez-vous pour une séance de photos destinées à la pochette de son prochain disque, il retrouve Isabelle dans ce même studio, qui pose là pour quelques photographes publicitaires. Spontanément, tous deux s'embrassent amicalement.

Mais est-ce toujours vraiment de l'amitié ?

Pour fêter ces retrouvailles, Claude propose à Isabelle de dîner avec lui le soir même. Repas aux chandelles, séance de cinéma sur les Champs-Elysées, retour chez la jeune fille, baiser devant la porte. Ils agissent comme deux collégiens sans doute par timidité, par admiration réciproque. A moins que là encore, ce « scénario » ne fasse partie de la légende...

Désormais, Claude et Isabelle savent que rien ne peut les séparer. Maintenant qu'ils se sont retrouvés sans s'être oubliés pendant leur long éloignement, ils sont décidés à ne plus jamais se quitter. Ils s'aimaient probablement depuis le premier jour et viennent de découvrir qu'ils sont faits l'un pour l'autre.

La semaine suivante, Claude emmène la jeune fille à son « Moulin » de Dannemois. Isabelle est la première « étrangère » qu'il conduit ainsi dans sa propriété secrète. Il tient à la présenter à sa mère, à sa sœur, à quelques amis qu'il a réunis pour l'occasion. Isabelle se montre aussi douce et compréhensive qu'à l'accoutumée, ce qui lui permet d'être immédiatement admise par tous.

A un moment de la réception, Claude entraîne sa mère dans une pièce voisine et lui demande :

« Alors, comment la trouves-tu ? »

« Merveilleuse ! C'est une jeune fille qui paraît faite pour toi ! »

Il n'en faut pas plus pour que Claude demande à Isabelle de vivre avec lui. Il ne peut lui proposer le mariage puisqu'il n'est pas encore divorcé d'avec Janet Woolcott mais il lui affirme que cela ne saurait tarder. Isabelle n'hésite pas longtemps pour accepter. Elle sait cependant qu'elle va devoir renoncer à sa carrière de danseuse et de mannequin car Claude l'exige. Elle sait aussi que sa vie sera souvent faite de solitude, qu'elle va devoir demeurer pour toujours dans l'ombre d'une idole. Rien de tout cela ne l'effraie puisque, quelques jours plus tard, elle emménage au « Moulin », en même temps que dans l'appartement du boulevard Exelmans, pour vivre entre Claude et sa maman.

La vie sentimentale d'Isabelle est racontée dans un long article de *France-Dimanche* du 22 avril 1969, intitulé « Prisonnière par amour ».

Isabelle semble, en effet, passer pour la prisonnière d'une cage dorée, puisqu'on peut lire :

« Par peur de la perdre, Claude a fait entourer sa maison de murs épais. Un énorme chien policier veille sur elle. Sa mère accompagne toujours Isabelle quand elle a la moindre course à faire... Si elle veut se rendre à Paris, chez son couturier et son coiffeur, Claude s'arrange toujours pour l'accompagner, même s'il doit annuler pour cela une séance d'enregistrement. Et quand il s'absente de Paris, son secrétaire téléphone toutes les deux heures au « Moulin » et fait le soir un rapport au chanteur. »

Isabelle ne dément pas ces propos puisqu'elle déclare que la jalousie de Claude est pour elle une merveilleuse preuve d'amour :

« Claude est toujours jaloux, m'a-t-il affirmé, quand il est amoureux. Sauf si ce sont des filles d'un soir. Je sais qu'il tient à moi et cela seul compte à mes yeux. Je ne me sens pas prisonnière, je suis seulement une femme qui attend chaque jour le retour de l'homme qu'elle aime... »

Lucie François raconte aussi ce qu'elle sait de la rencontre et de la naissance de l'amour entre Claude et Isabelle :

« Claude était un homme réservé, pudique et timide, malgré ses allures d'Arlequin auxquelles personne ne résistait. A l'époque où il rencontra Isabelle, il n'avait pas encore oublié Janet mais il avait surtout beaucoup de mal à effacer de son cœur France G... Alors, il se consolait comme il pouvait. Même une vedette a besoin de quelque chose de solide dans la vie. Il avait besoin de redevenir un homme simple, car il restait en enfant sensible, vulnérable, blessé et même humilié.

« En cette année 1966, Claude avait pour secrétaire un jeune homme prénommé Christian qui lui était dévoué comme un frère. Il venait souvent au "Moulin" où il possédait une chambre et essayait par tous les moyens d'amuser et de distraire Claude. C'est ainsi que Christian lui proposa de l'accompagner dans un endroit où il avait beaucoup de monde, afin d'oublier, peut-être, ses peines. Il y avait là des mannequins, dont Isabelle. Avec d'autres amis, elle accepta de venir passer le week-end au "Moulin". Tout le monde s'amusa dans la piscine. Le dimanche soir, Isabelle rentra chez elle. Rien ne s'était passé entre Claude et elle...

« Quinze jours ou un mois après, Christian proposa de nouveau que les mêmes invités reviennent au "Moulin" et Claude accepta avec enthousiasme. Dès le lendemain, Isabelle venait à l'appartement du boulevard Exelmans : les tourtereaux étaient réunis. Dieu merci, voilà un nouvel amour ! »

Comme on le voit, les deux versions diffèrent un peu mais Lucie François ne savait sans doute pas précisément tout ce que Claude faisait à cette époque, surtout sur le plan sentimental. Elle poursuit dans son livre :

« Plus tard, mon fils vint me dire : “Tu vas avoir une grande joie, maman”. Depuis le temps que tu voulais un petit-fils, tu en auras un ! Comme je ne disais rien, souriant, il ajouta : “Parce qu'Isabelle attend un enfant de moi. Mais je voudrais que cela reste un secret”.

« Quand Isabelle fut installée au “Moulin”, je me suis montrée très gentille avec elle, je l'aimais bien. Je n'ai jamais fait d'histoires. Au contraire, quand ça n'allait pas avec Claude, c'est moi qui arrangeais les choses. Même ma fille me disait : “Comme tu es agréable avec Isabelle !” C'était normal, je la considérais comme ma fille. D'ailleurs, aujourd'hui encore, quand je parle d'elle, je dis “ma belle-fille” alors que je ne le dis pas pour les autres. Isabelle est la mère de mes deux petits-fils ! »

Apparemment, Lucie François semble éprouver le besoin de se justifier, insistant sur le fait que si plus tard, une mésentente allait naître entre les deux femmes, c'est uniquement à cause d'Isabelle, elle-même ayant toujours fait ce qui lui semblait bon pour son fils et sa belle-fille.

Le 13 mars 1967 donc, Claude redevient un homme libre puisque son divorce avec Janet est officiel. Malgré son insistance cependant, Isabelle ne devient pas l'épouse légitime de Claude François. Leur amour reste au beau fixe mais il n'est pas question, pour l'instant du moins, de bague au doigt. De plus, Claude est toujours considérablement accaparé par son métier, par ses affaires, par les gens qu'il emploie et qui sont toujours plus nombreux.

Ainsi, sur scène, la présence des Clodettes autour de lui l'aide moralement, plaît beaucoup au public mais ce groupe de danseuses lui donne un énorme travail supplémentaire.

C'est la fin de l'année 1966 que Claude réunit quatre jolies filles : deux Noires, une Mulâtre et une Blanche, pour danser pendant qu'il chante. Le public ne connaît alors ni leur prénom ni même le nom du groupe. Selon certains, elles sont non seulement des faire-valoir, des danseuses sexy, mais aussi de véritables « gorilles » pour Claude. Ce sont elles qui le protègent de ses fans, qui font la loi dans les coulisses, ne quittant jamais leur idole et maître pendant les tournées. Ces quatre danseuses en maillot pailleté sont avant tout des jolies filles qui lui permettent d'inventer un nouveau style. C'est la presse qui les baptise « Clodettes ». Au fil des mois, elles vont devenir inséparables de Claude François dans l'esprit du public.

Lydia fait partie du premier groupe de quatre filles et va être la seule à rester huit ans derrière Claude, les autres changeant assez souvent. Lydia est d'ailleurs la femme du pianiste René Urtreger. Lydia voulait devenir danseuse classique mais, à la suite d'un accident, elle a accepté de faire de la danse moderne, oubliant ainsi tout ce qu'elle avait appris pour swinguer derrière Claude.

Ces quelques pas de danse que certains ont trouvé anodins lors des premières apparitions des Clodettes, sont appris et répétés pendant des mois, à raison de dix ou douze heures de travail par jour. Lydia est celle qui dirige le groupe, sur le plan artistique car en fait, le seul véritable directeur est, bien sûr, Claude. Dans *Claude François Story,* Lydia raconte :

« Il me fallait être disponible vingt-quatre heures sur vingt-quatre. Car tout à coup, en pleine nuit, alors que Claude était en séance d'enregistrement, il me téléphonait pour me faire venir. Il venait d'avoir le flash d'un pas dans sa tête et il voulait tout de suite me le montrer. J'arrivais et je l'enregistrais ce qui lui permettait de se libérer d'une idée ou d'une pensée qui, sinon, l'aurait obsédé pendant des heures.

« Pour monter les chorégraphies, nous faisions des sauts en avion à Londres pour aller voir les comédies musicales et nous en inspirer. Claude faisait aussi enregistrer des bandes vidéo des télévisions américaines pour prendre des idées de pas nouveaux. Et il les arrangeait bien sûr à la sauce Claude François. Ensuite, moi, je les expliquais aux autres filles.

« Les rapports étaient parfois très difficiles avec lui. Et moi qui étais chargée de recruter les filles, j'en ai vu défiler des dizaines et des dizaines... Claude virait assez facilement les filles et puis les regrettait sur-le-champ et les reprenait. C'était son caractère...

« Une fois, après le spectacle, il nous a fait appeler toutes les quatre ensemble dans sa loge pour nous dire simplement qu'il nous trouvait trop grosses ! Ça fait toujours plaisir ! Il fallait qu'on se mette au régime. Pour lui, il était très important que les danseuses soient longilignes. Il faut dire qu'en tournée, on n'arrêtait pas de manger. Mais en scène, nous perdions chacune deux kilos par soirée. Et lui devait en perdre cinq ! »

Durant les galas, en tournée, l'équipe de Claude se monte maintenant à une trentaine de personnes. Il y a quatre ou six Clodettes, il y a de huit à dix musiciens, il y a une bonne douzaine de techniciens, sans oublier les secrétaires qui sont en fait des « bonnes à tout faire » la plupart du temps recrutées parmi les fans. A la tête de ces secrétaires, se trouve une fille baptisée par les autres « Le Punching-ball », parce que c'est elle qui prend les coups de griffes et les pincements de Claude lorsqu'il sort de scène. La fille est là pour lui passer les verres, les éponges, les serviettes. Et il l'attrape par le bras, la pince, de nervosité, d'impatience. A la fin de chaque spectacle, le « Punching-ball » a des marques énormes, des bleus, des griffes, sur le bras. C'est pourquoi sans doute, elles sont toujours trois filles pour s'occuper des affaires personnelles de Claude, de son important maquillage (il a plus de tubes et de fioles à maquillage que les quatre Clodettes réunies), se relayant dans ces tâches difficiles.

Les Clodettes plaisent aux garçons, au large public de Claude, mais en revanche, elles ne sont pas toujours appréciées des minettes qui assaillent le chanteur. Celles-ci sont jalouses de leur beauté, sont jalouses surtout de ne pas être à leur place, afin de côtoyer leur idole constamment. Plusieurs fois, elles manquent de se faire lyncher par des fans hystériques. Mais cela, c'est le mauvais côté du métier...

Il y a aussi le bon côté : les rémunérations importantes de Claude, son talent, sa grande volonté, son professionnalisme.

Auprès de lui, une Clodette devient une grande danseuse et se voit ouvrir de nombreuses portes.

Perfectionniste en toutes choses, doué d'un esprit d'indépendance totale, Claude François a toujours difficilement supporté l'exploitation que l'on faisait de lui. Ainsi, même s'il est encore avec Paul Lederman, Claude espère depuis longtemps obtenir un jour sa liberté de travail. C'est sans doute dans ce but que, dès 1965, il a créé sa propre maison d'éditions, puisqu'en 1969 allait naître sa maison de disques baptisée « Flèche ».

C'est en 1968 que Claude et Paul Lederman décident de se séparer. L'imprésario explique la fin de leur collaboration (qui n'interviendra réellement que deux ans plus tard) :

« Quand je lui ai dit, à un moment important de sa carrière, où il faisait pourtant un tour de chant formidable, qu'il avait vieilli, qu'il était devenu fainéant et qu'il fallait changer, ce fut une insulte pour lui. Mais j'étais obligé de le faire réagir. Il fallait vraiment changer de tour de chant et je devais lui faire accepter cette idée. Alors on a eu une dispute difficile. C'est ainsi qu'il a pensé à donner un rôle plus important aux danseuses, à mettre davantage de lumière, à créer un véritable show à lui tout seul, qu'il n'a plus jamais quitté par la suite.

« Il a gagné peu à peu beaucoup d'argent et c'était une revanche sur le passé. Il a toujours remis cet argent dans son travail, dans ce qu'il faisait, dans une certaine façon de vivre. Il était fait pour le star-system !

« Dire que j'ai créé Claude ? Impossible. Notre union était tellement fantastique à cette époque-là... Je l'ai beaucoup influencé pour ses passages à la télévision, certaines chansons, certaines options de sa carrière. Je faisais tout pour lui, mais c'était lui l'artiste, moi j'étais dans l'ombre. Tout était tendu vers lui. Il avait compris mon rôle, pas toujours facile aussi. Voilà un trait de son caractère : quand on m'attaquait, il me défendait comme ça n'était pas permis. Quand on trouvait que j'étais formidable, alors là il m'attaquait. C'était Claude François, ça !...

« Il avait peur d'être seul. Qu'est-ce qu'il avait peur d'être seul ! Beaucoup de chanteurs ont peur de la solitude mais je pense qu'en plus, c'est vraiment une maladie d'aujourd'hui : plus il y a foule, plus on est seul. J'essayais donc d'être toujours auprès de lui. C'était une vie très trépidante, la radio, la télévision, les galas, la fatigue... Il doutait de tellement de choses qu'il les remettait en question. Les moindres bruits lui faisaient peur. Je le laissais seulement quand il dormait. Il avait besoin de se calmer. C'est aussi pour le calmer qu'on jouait de temps en temps au scrabble. Et puis on parlait surtout. Parler, parler... Claude aimait discuter avec les gens, il était très convaincant. Trop même. En cherchant à convaincre les autres, il essayait de se convaincre lui-même, englobant tout. J'ai vu se développer sa personnalité au fur et à mesure des progrès de sa carrière, mais tout était en rapport avec son métier... »

Le métier était presque tout dans la vie de Claude mais pas tout à fait « tout ». Il avait besoin de garder une place dans son cœur pour ceux qu'il aimait.

Ainsi, en cette année 1968, il va connaître le plus grand bonheur de son existence...

C'est le 1er janvier qu'il apprend la merveilleuse nouvelle, un soir de réveillon qu'il fête avec des amis et Isabelle. Lorsqu'ils se retrouvent seuls, en tête-à-tête, au milieu de la nuit, Isabelle est intimidée par ce qu'elle doit dire à Claude. Elle a les yeux baissés, se triture les doigts, ne sachant comment lui annoncer qu'elle est enceinte et que, au mois de juillet suivant, elle va mettre un bébé au monde. Les mots viennent pourtant tout seuls, quittant ses lèvres sans qu'elle les commande.

Un bébé ? C'est formidable ! Claude est fou de joie. Lui qui adore les enfants va enfin voir se réaliser son souhait le plus cher.

« Ce sera un garçon, bien sûr ! Il sera blond comme les blés, comme sa maman et son papa ! Il sera du signe du Cancer, si tout se passe bien d'ici là... »

Car Claude est un inquiet et son inquiétude prend cette fois des proportions énormes. Désormais, chaque jour qui passe lui apporte de nouveaux soucis. Il prend soin d'Isabelle comme d'un véritable bébé, ne cesse de lui faire des recommandations :

« Ménage-toi. Ne fume plus. Ne mange pas n'importe quoi. Es-tu sûre qu tu as assez dormi cette nuit ? Ne veux-tu pas voir un médecin demain par mesure de précaution ? Il faut que notre enfant soit le plus beau de la terre... »

L'attitude de Claude est bien celle d'un homme, pense Isabelle en souriant. Et comme ce que fait l'homme qu'elle aime est toujours poussé à l'extrême, au paroxysme, elle se voit bientôt entourée de plus de soins que jamais. Même Mme François est chargée de veiller sur la future maman et, notamment, de lui éviter toute fatigue inutile. Les moindres désirs d'Isabelle sont devancés !

Au cours des premiers jours du mois de juillet, Isabelle sent que la naissance est pour bientôt. Accompagnée de son chauffeur, les cheveux recouverts d'une perruque brune, les yeux cachés derrière des lunettes noires, elle se rend tous les deux jours chez son gynécologue, sans que Claude ne soit présent, afin qu'aucun journaliste ne la reconnaisse et ne devine la nouvelle. Isabelle et Claude craignent, en effet, une indiscrétion de la part de la presse, qui risquerait de bouleverser toute leur vie et peut-être même de gâcher la joie des premiers mois auprès de l'enfant. Ils savent que si un magazine annonce cette naissance, des centaines de fans, des dizaines de journalistes vont faire le siège de l'appartement et celui du « Moulin », jour et nuit, pour recueillir des information ou faire des photos. Cela, Claude ne le veut à aucun prix.

Le 7 juillet au soir, Isabelle ressent les premières douleurs.

« Ce n'est peut-être pas encore ça, songe-t-elle, mais je préfèrerais passer à la clinique. »

« Comme tu veux. C'est en effet peut-être préférable... Nous allons agir comme d'habitude, c'est-à-dire que tu vas partir avec le chauffeur alors que je resterai ici. »

Tous deux sont persuadés que le bébé n'arrivera que quelques jours plus tard, selon l'estimation du médecin. Pourtant, le lendemain matin, un coup de téléphone annonce à Claude que son fils est né !

L'accouchement s'est merveilleusement bien déroulé. Claude est, pour la première fois, papa d'un petit garçon.

Il se précipite à la clinique, oubliant dans son impatience les précautions qu'il prenait jusqu'à ce jour, tant il est heureux. En arrivant devant le lit sur lequel est allongée Isabelle, il tombe en admiration devant le bébé qu'elle porte dans ses bras.

« On l'appellera Claude, insiste la jeune femme.

« C'est à cet instant que j'ai compris pourquoi je me battais depuis si longtemps, déclarera Claude quelques mois plus tard. J'avais voulu réussir, devenir un chanteur célèbre et, jusqu'à ce jour, je croyais que c'était par orgueil, pour avoir beaucoup d'argent, mieux vivre, que sais-je encore... En fait, j'avais fait tout cela pour lui, pour ce fils que je ne possédais pas encore mais qui allait venir un jour. Lorsqu'on n'a pas d'enfant, on ne sait pas cela, on ne peut pas le comprendre. Ce n'est que plus tard, lorsqu'on se penche sur son berceau, que l'on serre son bébé sur son cœur, que la vérité éclate. Oui, j'avais un fils et tout ce que je possédais, tout ce que j'avais fait et que je ferais désormais lui appartenait. Il était le prolongement de moi-même, la vie et le bonheur de ma propre vie. »

Les mois suivants se déroulent dans le bonheur total. Claude devient un vrai papa-gâteau. Il passe des heures avec son fils, le fait sauter sur ses genoux, lui raconte des histoires et lui chante des berceuses.

La presse, comme il l'avait craint, ne cesse de l'importuner. Mais tout à sa joie, Claude accepte de répondre aux interviews. Il précise tout de même :

« Ces photographes qui font la queue devant le "Moulin" pour obtenir l'autorisation de faire deux ou trois photos m'ennuient prodigieusement. Si moi j'appartiens au show business et je suis un homme public, ce n'est pas le cas pour mon fils. Pour l'instant, je juge inutile de l'y mêler. Il sera bien temps plus tard. »

Curieusement, au lieu de rapprocher davantage Claude et Isabelle, la présence de l'enfant – que tout le monde appelle Coco – crée quelques problèmes sentimentaux entre ses parents. Isabelle voudrait de plus en plus se marier puisque Claude est libre. Alors que lui, malgré ses promesses, préfère rester dans cette situation.

Elle déclare alors :

« J'en ai assez de jouer les filles-mères. Avant, je l'accompagnais partout dans ses tournées, dans les studios. Maintenant, il part seul et veut que je reste à la maison avec Coco. Je ne suis plus qu'une figurante dans sa vie et ça ne peut plus durer. Je veux qu'il m'épouse ou bien je suis décidée à le quitter. »

Quand un journaliste pose la même question à Claude à propos de sa situation sentimentale et familiale, il répond seulement :

« Il n'est pas question que je cède au chantage. Plutôt nous séparer que d'accepter de l'épouser. Pourquoi ? Tout simplement parce que j'aime trop ma liberté. »

Malgré ces déclarations qui, sans aucun doute, dépassent la pensée de chacun, Claude et Isabelle restent ensemble et continuent de s'aimer.

Pendant plusieurs années, certains journaux vont s'interroger sur leurs démêlés, parlant alternativement d'une séparation inévitable ou bien d'un amour sans nuages, selon les saisons, en passant par les « réconciliations inespérées ».

En fait, mais cela le monde l'ignorera jusqu'en 1975, Isabelle découvre qu'elle est de nouveau enceinte cinq mois après la naissance de Coco. Quelques semaines avant la fin de l'année 1969, un second petit garçon prénommé Marc voit le jour dans des conditions similaires à celles de son frère aîné.

Mais justement parce que Coco a été un peu trop la proie des journalistes, Claude a cette fois pris les plus grandes précautions pour cacher l'existence de son second fils. Il va y parvenir pendant cinq années entières !

« Coco risque déjà d'être traumatisé par tout ce bruit autour de lui, il est inutile que Marc subisse la même chose. »

Rares sont les amis de la famille qui sont au courant de l'existence de cet enfant. Pour tout le monde, Claude n'a qu'un fils et il en sera ainsi jusqu'au 23 juillet 1975...

Si le Noël 1968 est merveilleux pour Claude, entre sa femme, sa mère et son fils, l'entente se détériore donc entre Claude François et Isabelle à la fin de l'année 69. Selon la presse, parce que Claude est trop pris par son métier, parce qu'il repousse la cérémonie du mariage de semaine en semaine et de mois en mois, Isabelle est prête à craquer. Mais le 22 novembre 1969, à l'Olympia où Claude fait un retour attendu et triomphal, la réconciliation à lieu. Dans *France-Dimanche,* un énorme titre annonce : « Claude François et la mère de son enfant réconciliés autour du berceau. » Isabelle et Lucie sont effectivement présentes le soir de la première :

« Si cette présence, à l'Olympia, d'Isabelle était une joie pour tous ceux qui aiment Claude François, c'est parce qu'enfin le célèbre chanteur et Isabelle avaient mis fin à une brouille qui les séparait depuis trois mois. C'est grâce au tendre complot d'une femme, la mère de Claude, que cette réconciliation a pu avoir lieu. Elle s'est passée l'autre jour au "Moulin" que le chanteur possède à Dannemois. Il était un peu plus de vingt heures quand Isabelle sonna à la porte. C'est Claude lui-même qui alla ouvrir... Pendant quelques instants, ils restèrent à se regarder sans parler puis, surmontant son émotion, Claude prit Isabelle par le bras et la fit entrer.

« En la voyant avec sa valise à la main, il comprit qu'elle revenait, qu'elle lui avait pardonné. Puis il dit : "Veux-tu voir le petit ?" Et c'est là, devant le berceau de leur enfant, devant cet enfant de l'amour, que Claude avoue à Isabelle combien il a souffert de son départ. »

En fait, comme on sait maintenant que Marc est né quelques semaines avant cet Olympia, on est en droit de s'interroger sur le bien-fondé de cet article...

Par contre, ce qui est certain, c'est que Lucie et Isabelle s'entendent de moins en moins bien. A tel point que Lucie préfère renoncer à vivre au « Moulin » et retourne sur la Côte d'Azur, à la suite d'une querelle avec sa belle-fille et avec son fils, qui a pris la défense d'Isabelle. Comme elle ne veut pas faire le premier pas, Mme François n'a pas de nouvelles de Claude pendant de long mois. Dans une rue de Monte-Carlo, par hasard, elle rencontre René Urtreger qui s'étonne de la voir là, seule. C'est lui qui lui apprend que Claude est très malheureux depuis son départ, ne pouvant pas supporter l'absence de sa mère dont il n'a jamais été séparé jusqu'à présent. René fait comprendre à Lucie qu'elle doit revenir. Mme François refuse déclarant que si elle ne possède pas d'argent, elle a tout de même son honneur ! Elle raconte la suite de ses retrouvailles avec son fils.

« Je suis rentrée chez mes amis de Monte-Carlo et je leur ai raconté cette rencontre. Le pianiste de Claude avait ajouté qu'il devait faire des émissions à R.M.C. Peu après, alors que j'étais sur la terrasse de mon appartement, j'ai reçu un coup de téléphone de mon amie me demandant de venir d'urgence chez elle sans m'en expliquer la raison. J'ai obéi et en pénétrant dans le salon, j'ai constaté, ravie, la présence de mon fils. Il m'a pris dans ses bras et m'a embrassée, me demandant pardon, me demandant surtout de rentrer à la maison. Il a ajouté : "Ce n'est pas de ma faute si nous avons été séparés. J'avais des problèmes avec Isabelle. Fais-moi plaisir, je me sens seul et j'ai besoin de toi."

« Il est ensuite parti, allant dîner au "Pirate", au cap Martin avec des amis. Le lendemain, il m'appela depuis la rue. Il était quatre heures du matin et il rentrait seulement du "Pirate". Il avait glissé un peu d'argent dans une enveloppe qu'il me fit remettre par mon amie. Un peu plus tard, je téléphonai à ma fille qui me demanda elle aussi de revenir. Le 23 décembre exactement, pour être auprès de lui à Noël, je suis remontée à Paris. Puis je me suis rendue au "Moulin" pour lui confectionner les bons petits plats qu'il attendait de moi.

« Lorsque je suis arrivée, le ménage laissait à désirer. Les pièces étaient devenues très sales, il y avait un laisser-aller total de la part des domestiques. J'allais mettre un an pour que tout redevienne en ordre, pour que tout brille de nouveau. Et la vie a recommencé comme avant entre Claude et moi, sans Isabelle. »

Mais Isabelle va revenir, l'amour va se poursuivre, les disputes aussi. Anticipons donc sur les années :

En 1973, on peut lire de nouveau dans *France-Dimanche :* « Claude François : "Je n'épouserai jamais la mère de mon fils". » Puis trois mois plus tard : « Le volte-face de Claude François : bientôt marié ! »

En fait, rien ne change dans la vie de Claude et d'Isabelle. Il éprouve toujours pour elle un profond attachement et comme il l'a déclaré en 1969, quatre ans plus tôt, il préfère ne pas se marier pour conserver sa liberté, connaître d'autres femmes, sans avoir l'intention d'abandonner la sienne. On le « fiance » à Liza Minnelli au cours de l'hiver 1973-1974 simplement parce qu'il se rend souvent à New York et qu'il a rencontré plusieurs fois la célèbre chanteuse. On le voit aussi beaucoup avec un mannequin finlandais, connu sur le circuit du Grand Prix de Monte-Carlo. Et puis il y a Sonia, Odette, Pamela, Angela, etc. Claude déclare alors :

« J'ai un vrai cœur d'artichaut. Toutes les femmes me plaisent, qu'elles soient blondes, brunes ou rousses. Je ne sais pas leur dire non. En revanche, pour être franc, je n'aime jamais bien longtemps et je suis toujours sincère avec ces femmes : je ne jure jamais de les aimer toujours ! »

France-Dimanche écrit à ce moment :

« Dans ces cas-là, contrairement à d'autres femmes, Isabelle ne pose aucune question à Claude, elle ne fait pas de scandale, sa vie ne change en rien. Elle s'occupe de son fils, de la maison et qu'il revienne ou pas, son couvert est toujours mis. Claude est très occupé, elle sait très bien qu'il n'arrive jamais avant dix heures du soir. Si, à dix heures trente, il n'est pas encore rentré, elle se met alors à table. C'est qu'il ne viendra pas. Depuis trop longtemps, leur vie est ainsi organisée. Et Clo-Clo déclare avec tendresse : "Entre Isabelle et moi, les tromperies n'ont pas d'importance. Notre amour est indestructible !" »

Il finira pourtant par se détruire...

PRÉSIDENT-DIRECTEUR GÉNÉRAL

Outre la naissance de son premier fils, Claude junior, l'année 1968 va compter beaucoup aussi pour une autre raison, professionnelle cette fois. C'est, en effet, en 1968 que Claude François crée les disques « Flèche » tandis que la France et en pleine effervescence, s'envoie des pavés dans le Quartier Latin ou court après l'essence qui manque à tous les automobilistes.

Rue Pierre-Charron, à quelques pas des Champs-Elysées, Claude installe ses premiers bureaux. Il quitte ainsi les quelques pièces dont il disposait dans la société Philips, avenue Montaigne. Il a trouvé son indépendance en se séparant de Paul Lederman, il la confirme en refusant de renouveler son contrat chez Philips.

Jean-Jacques Tilchet, toujours directeur artistique, regrette ce départ mais ne fait rien pour l'en empêcher, sachant très bien que lorsque Claude a pris une décision, il est impossible de le faire revenir en arrière.

« Pendant ces années où nous avons travaillé ensemble, Claude a vendu quelque douze millions de disques. Un chiffre extraordinaire. Quand un nouveau disque marchait, son succès entraînait la vente des disques précédents si bien qu'aucun titre ne restait en rade ! Ensuite Claude a voulu voler de ses propres ailes et fonder sa maison d'éditions...

« Ce qui m'épatait chez Claude, c'était sa puissance de travail. Il était impossible de l'obliger à prendre des vacances... Quand il partait pour huit jours, au bout de quarante-huit heures il me téléphonait, m'annonçait qu'il s'ennuyait et revenait à Paris. Il n'arrêtait jamais ! C'est parce qu'il voulait toujours faire autant de choses à la fois qu'il n'était jamais à l'heure... Il possédait une facilité de compréhension incroyable. Il était doué comme ce n'est pas possible de l'être.

« A côté de ça, il avait un caractère de cochon. Il était terriblement têtu. Alors j'avais compris le truc : je m'arrangeais pour lui faire découvrir par lui-même ce que j'attendais de lui. Un peu plus tard, il revenait en me disant : "Dis donc, j'ai pensé à une chose. Si on faisait...", exactement ce que je lui avais suggéré ! »

En étant libre de ses actions professionnelles, il ne va plus avoir de contrariétés, il va surtout tout se devoir à lui-même. C'est probablement ce que cherche Claude en créant « Flèche ».

Nicole Gruyer et Michel Poulain, deux collaborateurs de Claude chez Philips, décident de le suivre dans ses nouveaux bureaux et de travailler définitivement avec lui. Durant les premiers jours de l'installation, c'est la pagaille, c'est la panique ! De nombreux « amis » connus ou inconnus, de vagues relations professionnelles, se présentent rue Pierre-Charron, se bousculent dans les couloirs encombrés de disques, de circulaires, d'affiches publicitaires qui servent à sa promotion. Claude s'énerve, rien ne tourne rond. Il sait déjà, après quelques semaines seulement, qu'il ne pourra pas continuer à travailler dans de telles conditions. Il a besoin de bureaux plus confortables, plus fonctionnels, plus élégants aussi, mieux aménagés surtout. Et plus vastes ! Il se met à la recherche d'un tel lieu tandis que sa nouvelle chanson, « Tout éclate, tout explose », devient déjà un tube.

Finalement, c'est près de son propre domicile qu'il trouve les bureaux idéaux – mais au loyer élevé – où il décide de s'installer le plus vite possible et dans les meilleures conditions. Des bureaux situés au 5, rue Clément-Marot dans le 16e arrondissement.

Le premier disque que Claude sort sous le label « Flèche », c'est « Jacques a dit ». La distribution est assurée néanmoins par Philips, ce 45 tours étant donc la transition entre les deux sociétés.

Abrité dans ses propres bureaux, Claude est très satisfait de son travail. Ses affaires tournent rondement, aussi éprouve-t-il le besoin de fonder d'autres sociétés parallèles à « Flèche » pour produire des disques et lancer quelques jeunes chanteurs de talent. Il découvre ainsi Liliane Saint-Pierre, une jeune Belge à la voix splendide qui hélas ne va guère avoir de réussite dans le métier, il fait enregistrer Annie Philippe qui va percer un peu plus mais sans obtenir la gloire, ce qui n'empêche pas Claude de poursuivre dans cette voie.

La production est son plaisir, et ce n'est pas pour gagner de l'argent qu'il fait ce nouveau métier. Donc peu importe qu'il se trompe de temps à autre, pourvu qu'il y prenne du plaisir et qu'il donne sa chance à des jeunes.

Plus tard, Claude François fait enregistrer ses propres choristes sous le nom des « Fléchettes », s'assurant ainsi une excellente première partie pour ses spectacles. D'autres chanteurs comme Alain Chamfort, Dani, Patrick Topaloff, entrent dans son « écurie ».

Nicole Gruyer a le titre de fondé de pouvoirs tandis que Claude engage deux secrétaires, Martine et Jocelyne. Un long couloir sépare les locaux, de chaque côté. Le bureau de Claude François est tendu de velours et de toile de jute rouge et marron. Les meubles sont en acajou, comme ceux d'un directeur menant bien ses affaires. En face se trouve le bureau de Josette qui est chargée de la surveillance générale et du fan-club. Alors que Joëlle, une autre petite blonde trouvée parmi ses fans, s'occupe directement des courses personnelles de Claude et de ses notes de service. Au fond sont installées les attachées de presse, Claude, Martine et Annick, ainsi que Michel Poulain, directeur artistique. Au fil des mois, le personnel va augmenter encore, en même temps que la réussite de l'homme d'affaires Claude François prend forme.

En novembre 1969, c'est donc une nouvelle performance de Claude à l'Olympia. Il y atteint la quasi-perfection et la salle est comble du premier au dernier des vingt-deux jours que dure le spectacle.

Au mois de janvier 1970, Claude enregistre en studio deux 30 centimètres, l'un pour les enfants qui comporte les titres « Diggy liggy lai et diggy liggy lo », « Parce que je t'aime mon enfant », « Boum boum », « L'Anneau dans la rivière ». L'autre avec « Si douce à mon souvenir », « Fleur sauvage »,... Claude assiste à tous les mixages, ne dort plus la nuit, s'épuise littéralement et va ainsi passer près d'un mois à travailler, enfermé avec ses plus proches collaborateurs.

Quand arrive février, il est déjà très fatigué. Il n'est pas près pourtant de prendre des vacances puisqu'il doit partir au Canada avec toute sa troupe où l'attend une série de douze concerts à travers différentes villes très éloignées les unes des autres : Québec, Toronto, Chicoutimi, Montréal, etc. Et de plus, tous ces voyages doivent être réalisés par un froid redoutable, puisqu'il fait moins 40 degrés dans le pays !

Claude, originaire d'un pays chaud, a toujours très mal supporté le froid. Au Canada, devant faire des allées et venues pendant quinze jours à travers la neige, devant chanter chaque soir, il est au bord de la dépression. Parfois, parce qu'il a besoin de réconfort, de ressentir la chaleur de son pays, il téléphone à Paris, à ceux qu'il aime et à ceux qui travaillent pour lui. Comme il ne pense jamais au décalage horaire, c'est en général entre trois heures et cinq heures du matin, que la sonnerie du téléphone résonne chez ceux-là.

Une chanson presque inconnue en France, « Un homme libre », est actuellement numéro un au Canada.

Comme quoi les titres qui marchent dans un pays ne sont pas obligatoirement les mêmes que dans un autre. Cette tournée canadienne attire le public en masse, à tel point que toute la presse quotidienne et hebdomadaire parlent du phénomène Claude François. Jusque dans les Etats du nord de l'Amérique, on entend dire beaucoup de bien de Claude. Tant de bien qu'un célèbre homme d'affaires, Walter Haffu, qui s'est en particulier occupé des finances des Beatles, est présent le soir de la représentation du « Centre » de Montréal. Haffu demande à être reçu par Claude après son spectacle et lui propose sans préambule un contrat fabuleux pour toute une série de shows télévisés dont Claude François serait le chanteur et l'animateur. Un peu dans le style du célèbre Ed Sullivan Show, diffusé par C.B.S. Cette proposition est très tentante et Claud est déjà prêt à l'accepter. Avant de s'engager, il ressent tout de même le besoin de demander conseil à ses proches. La nuit suivante, il téléphone à sa mère pour lui dire sa joie, son espoir de conquérir l'Amérique.

Puis il appelle ses conseillers, ses hommes d'affaires français, il réfléchit aux conséquences de son acceptation... S'il signe ce contrat, Claude va devoir s'exiler pendant plus d'un an aux Etats-Unis. Il devra abandonner complètement son pays, c'est-à-dire ne plus y faire de télévision, ne plus se produire devant tous ceux qui l'aiment.

Il réfléchit longuement, pèse le pour et le contre :

« Je me suis enfermé dans ma chambre d'hôtel avec un stylo et du papier. Sur une feuille, j'ai noté tous les arguments en faveur de mon acceptation : un succès espéré devant le public américain, un nouveau marché à conquérir, une grande aventure qui me permettrait de repartir de zéro, comme si je débutais de nouveau, dans un nouveau pays, et puis un énorme paquet de dollars...

« Sur une autre feuille, j'ai écrit tous les trucs ennuyeux : dix-huit mois loin de France, quelques voyages express pour enregistrer de nouveaux titres, la difficulté de dénicher des chansons pouvant plaire au public français, quitter très longtemps mes nouvelles sociétés, mes employés, mes fans. Et surtout, quitter ma famille !

« Puis je comparai ces deux listes... Et mon choix fut vite fait. La première feuille ne valait pas les problèmes écrits sur la seconde... »

Claude téléphone donc à Walter Haffu vingt-quatre heures plus tard, lui disant son refus. Haffu n'en croit pas ses oreilles : c'est la première fois qu'une proposition aussi alléchante est repoussée par une vedette du show-business. Néanmoins, il comprend les raisons de Claude et n'insiste pas. Il lui demande seulement de se produire pour la télévision américaine dans un « Show T.V. spécial », ce que Claude accepte avec joie. La représentation a lieu sur une scène canadienne et est enregistrée uniquement pour le public américain de la chaîne C.B.S. Cela contraint simplement Claude à rester quinze jours de plus outre-Atlantique.

Avec la fatigue accumulée au cours des semaines précédentes, il est totalement épuisé à son retour en France. Cette fois, il a présumé de ses forces et, chaque soir, il est au bord de la dépression. Malgré sa santé solide, Claude a les nerfs à fleur de peau, et toujours pas le temps de prendre du repos !

Le 1er mars 1970, Claude François doit se produire dans un super-gala devant onze mille personnes, salle Vallier, à Marseille. Il quitte Montréal le 28 février et n'a donc pas le temps de repasser par Paris pour prendre quelques forces... et de nouveaux bagages. Un vol spécial direct pour Marseille lui permet d'arriver dans la capitale phocéenne, ne dormant que quelques heures dans l'avion : son unique repos en quarante-huit heures. Il pense à la longue tournée qu'il doit commencer dans le sud de la France. Il pense au nouveau 45 tours qui vient de sortir (« C'est de l'eau, c'est du vent ») qui déjà grimpe à une vitesse grand V vers les premières places du hit-parade.

Officiellement réconcilié avec Isabelle, les journaux le laissent un peu tranquille, ce qui n'est pas arrivé depuis de longs mois. Si, ce soir-là à Marseille, il paraît aussi en forme qu'à l'accoutumée lorsqu'il fait son entrée sur scène, il tient en fait à peine sur ses jambes et a été contraint d'ingurgiter auparavant de nombreux cafés. Après sept ans de galas, c'est la première fois qu'il se trouve dans un tel état. Son nouveau show est pourtant presque au point et le spectacle devrait se dérouler dans les meilleures conditions souhaitables, devant cette immense foule enthousiaste.

Seulement voilà, à la fin du « Mashed potatoes », ivre de fatigue et de danse, Claude s'écroule au pied de ses musiciens. Il vient d'interpréter huit chansons mais il n'en peut plus, il craque. Un grand cri s'élève du public, de l'affolement, de l'inquiétude. C'est dans un véritable tumulte que Paul Lederman réagit, des coulisses. Il saute sur scène, suivi des Clodettes, des musiciens, tout le monde étant paniqué et ne sachant pas vraiment ce qu'il faut faire pour aider Claude, lui qui paraissait indestructible. Ce n'était qu'une apparence due à sa volonté car aucun homme ne pouvait supporter le régime qu'il s'imposait depuis si longtemps. Aucun homme, pas même lui !

Paul Lederman, qui arrive à la fin de sa collaboration avec Claude, est le seul à garder la tête sur les épaules. Il téléphone immédiatement à un hôpital, il fait monter Claude dans l'ambulance stationnée près du théâtre et l'accompagne, à travers les rues de la ville, sirène hurlante. Là, le docteur diagnostique une fatigue au dernier degré qui nécessite une impérieuse cure de sommeil. Après deux jours d'observation, Claude peut quitter l'hôpital, mais il a ordre de respecter un repos total d'au moins six semaines. C'est ainsi que, sans lui demander son avis, il est endormi pour huit jours dès son arrivée à Paris. Il se trouve alors à la clinique des Sablons, à Neuilly, dans le calme et le silence le plus total. Seuls sa mère, sa sœur et Paul Lederman, ainsi qu'Isabelle ont l'autorisation d'aller lui rendre visite.

Lorsqu'il se lève pour aller aux toilettes, deux infirmières doivent le soutenir car il ne tient plus debout...

Après cette cure de sommeil, Claude se croit à nouveau en forme et prêt à se remettre au travail :

« Si la prescription du docteur de Marseille n'est pas suivie à la lettre je ne réponds de rien », lui affirme un médecin de Neuilly. « Vous allez de nouveau vous effondrer à la moindre fatigue, et cette fois ce sera extrêmement grave. Ça l'est déjà assez comme ça aujourd'hui ! »

Comme Claude ne semble guère devoir obéir, le même médecin répète ses ordres à Paul Lederman, le seul homme ayant encore quelque influence sur Claude. Ainsi, surveillé par tous ses amis, Claude François respecte malgré lui et malgré son

« Belles, belles, belles », son premier disque...

Les débuts de « Clo-Clo » comme musicien de Olivier Despax...

Souvenirs, souvenirs... Claude François, alors jeune débutant, au Golf Drouot.

Saint-Tropez, la chaleur, l'enthousiasme, Olivier Despax, Sacha Distel et, au tumba, Claude François.

Passionné par les bandes dessinées.

A la recherche de nouvelles chansons...

La jeunesse éternelle de Claude...

Une certaine joie de vivre des années 60.

Déjà la télévision avec Albert Raisner.

Naissance d'une idole...

Un jeune homme (presque) tout à fait comme les autres...

La passion des belles voitures.

Dans la chambre de ses débuts, « Clo-Clo » s'imprègne de la culture musicale anglo-saxonne.

La rencontre amicale de deux vedettes de la chanson : celle de Claude François et de Françoise Hardy.

En compagnie de Raymond Lefèvre, talentueux chef d'orchestre.

L'Olympia en vedette...

Une authentique bête de scène...

Un moment inoubliable, la remise d'un disque d'or sur la scène de l'Olympia des mains de Maurice Biraud.

Son premier Olympia, son premier triomphe parisien...

Pathétique, Claude François chante sa plus belle chanson d'amour : « Je sais ».

Premier Olympia...

Des danses virevoltantes...

Claude François à l'époque de « Si j'avais un marteau ».

L'ai-je bien descendu semble dire « Clo-Clo » ?

Dansant avec les Gams...

Avec les Gams et Sylvie Vartan sur les planches de Deauville.

Le Cannet : Première tournée d'été, premières émeutes...

Le retour aux sources...

Le début de la gloire...

Claude François photographe : Songe-t-il déjà à sa future agence de mannequins « Girls Models ».

« Rêveries » (le titre d'une de ses plus belles chansons) devant sa piscine...

Visite du propriétaire...

Moment de détente au moulin.

« Clo-Clo » songe à sa ferme du bonheur...

Amusements maritimes au moulin...

L'innocence et la pureté...

Tendre jardinier pendant ses rares moments de loisirs…

Tendre ami des animaux.

Une solide amitié liait Claude François à Francis Esposit grand reporter et chef de la rubrique « Spectacles » au journa Le Méridional *à Marseille. Lequel contribua beaucoup a succès de « Clo-Clo », en lui consacrant ses premiers article lors de ses débuts dans la cité phocéenne et dans le Midi de l France, devenant ainsi par la suite plus précieux et plu indispensable encore à la vedette que le plus dévoué de attachés de presse, et cela lorsque celle-ci notamment s déplaçait dans la région méridionale.*

De cette étroite collaboration devait naître une autre amiti tout aussi affectueuse : celle que Claude devait partager aussitô avec Brigitte, la fille de Francis, âgée alors de trois ou quatr ans à peine, et qui allait, au fil des années, devenir de plus e plus forte et de plus en plus solide.

Ainsi, l'on peut voir sur l'une de ces photos, la petite Brigitt (quatre ans), photographiée au printemps 1963 par Andr Bernard, et fêtant son anniversaire en compagnie d « Clo-Clo », son idole, dans la loge que le chanteur occupait l'Olympia.

Juillet 1977 : Brigitte, alors âgée de dix-huit ans, rencontr Claude, une fois de plus, au Théâtre aux Etoiles du Palais d Pharo à Marseille (ce sera leur dernière photo ensemble, pris ce soir-là par Claude Nucéra).

Huit mois plus tard, Claude François connaît à Paris la fi tragique que nous savons, le samedi 11 mars 1978, au momen même où sont célébrées à Marseille les obsèques de sa chère e fidèle Brigitte, victime d'un accident de la route deux jour auparavant, le jeudi 9 mars, et alors que Michel Drucker et se invités, Manitas de Plata et Rika Zaraï entre autres, amis d Francis, s'apprêtent à annoncer à « Clo-Clo » la terribl nouvelle.

Ainsi, en ce 11 mars 1978, Dieu, une fois encore, réunit ceu qui s'aiment. Car une chose est certaine : Claude et Brigitt s'aimaient tous deux très fort.

(Ces documents nous ont été aimablement prêtés par Franci Esposito du Méridional*.)*

Auprès de la roue de son cher moulin...

Pèlerinage nostalgique à Monaco...

Avec « le petit prince », un très beau souvenir...

Toujours impeccable !

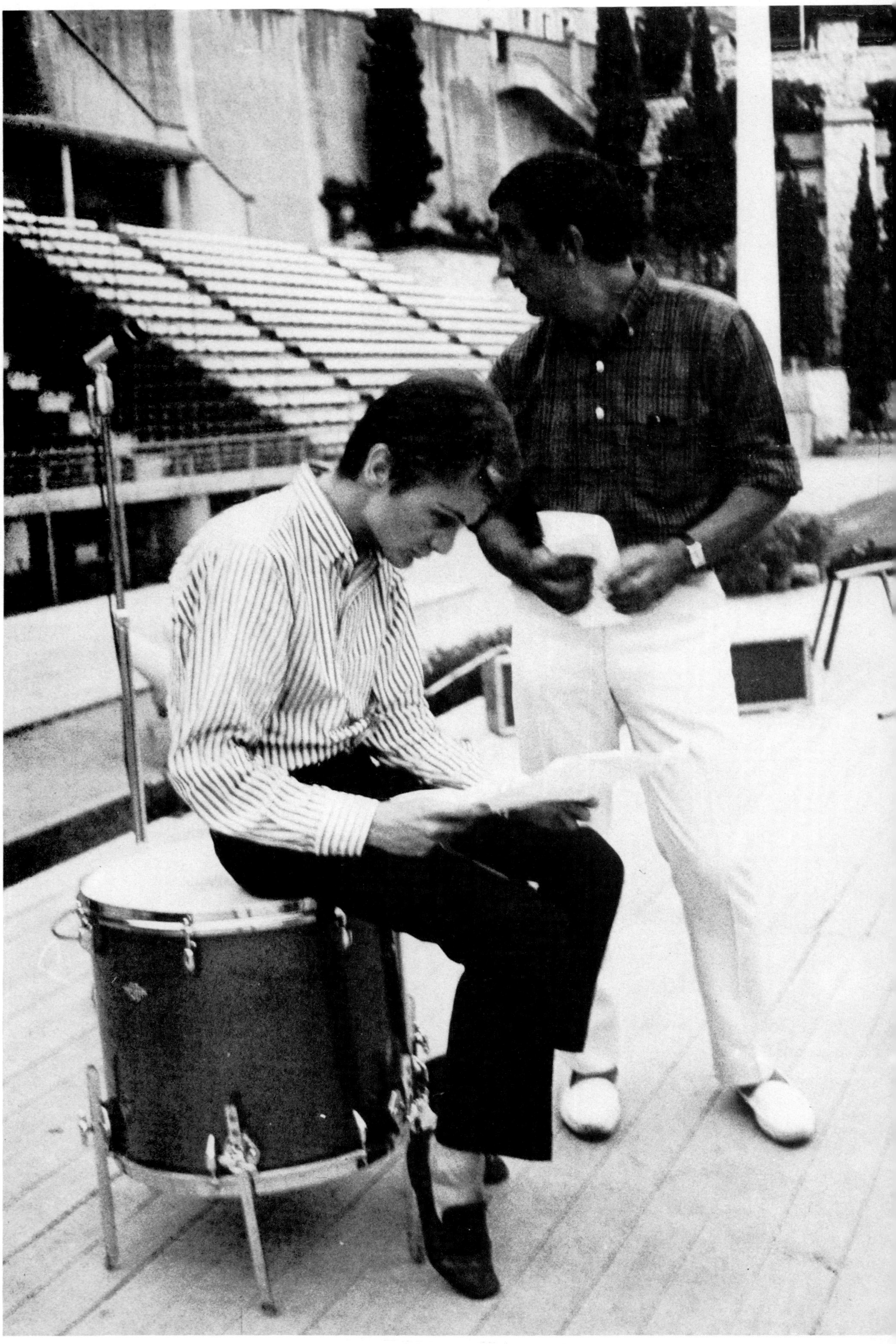

Répétition des premières tournées...

Avec Paul Lederman, l'impresario des débuts de Claude François...

Des spectacles minutieusement préparés...

Symbole du charme et de la séduction...

Les premiers contacts avec le public français...

Entraînant la jeunesse derrière lui.

Photographe de son temps...

Amoureux de la nature...

Acclamé par ses millions de fans...

Face à son public...

Au restaurant, Claude se prête gentiment à une séance d'autographes imprévue.

La rançon du succès...

La cylindrée des voitures augmente avec les cachets de Claude François...

Claude François et Jocelyne... réunis par une même innocence...

Un visage d'enfant émerveillé...

« Clo-Clo » « presque » incognito dans les rues de Paris.

Rêve-t-il à l'Egypte et à son enfance laissée jadis sur les bords du Nil.

L'homme et l'oiseau...

« Clo-Clo » et sa belle américaine...

Chaque occasion est bonne pour travailler des nouveaux pas de danse.

Avec la championne Marielle Goitschell...

« Serre-moi, griffe-moi », une chanson de « Clo-Clo » qui prend ici toute sa valeur...

Dans la ronde infernale des télévisions du monde entier.

Les deux idoles de la chanson des années 60 : Johnny Halliday et Claude François.

Les plaisirs du grand large...

Première à l'Olympia en compagnie de Sylvie Vartan cachée derrière d'épaisses lunettes noires.

Séance de dédicaces insolite à bord d'un pédalo...

Claude François vu par Jean-Christophe Averty.

Claude François s'est très vite adapté au petit écran.

Claude François et ses premières Clodettes à l'Olympia...

Un très beau et très touchant portrait de Claude François.

La star et son image...

Séance de travail avec les Clodettes...

A cette époque, Claude François chantait « Après tout », « Serre-moi, griffe-moi », « Déborah ».

Tournée d'été de l'année 1967, « Clo-Clo » « établit le contact » avec son public...

La solitude de l'artiste...

Trois grandes vedettes de la chanson : Michèle Torr, Claude François, Sylvie Vartan.

Une élégance pleine de distinction...

Claude François, « le petit prince blond de la chanson ».

Claude François en 1968 à l'époque de sa chanson « Rêveries ».

Visite à l'Olympia de Nino Ferrer pendant l'Olympia 69 de Claude François.

Une personnalité exceptionnelle...

1962 : « Belles, belles, belles ».

A l'écoute des autres.

Réunis par la même innocence...

Un étrange parfum d'autrefois...

Une pose à la James Dean.

1963 : « Moi je voudrais bien me marier ».

Détente et sympathie...

1963 : « Si j'avais un marteau ».

La joie de filmer...

« En rêvant à Noël. »

Les premiers reportages photographiques de Claude François.

Le début des tournées...

Seul sans Clodettes.

Un moment de détente bien mérité...

Très bel instantané de Claude François
à l'intérieur de sa luxueuse voiture américaine.

Une pose très américaine.

L'Olympia déjà ! ! !

Vivant intensément ses chansons.

Le reflet de la jeunesse des années 60.

A Deauville avec les Gams et Sylvie Vartan.

Une singulière innocence...

Nostalgie...

Ami des bêtes...

1964 : « Petite mèche de cheveux ».

Brûlant les planches...

Gala en plein ai

Assailli par son public...

Au repos...

Complicité...

Séance d'enregistrements...

Un contact chaleureux.

1964 : « Je sais » et « Les cloches sonnaient ».

Tendres souvenirs souriants.

L'idole des jeunes s'amuse.

Romantisme...

Une extraordinaire souplesse.

Éternel Claude François.

En répétition...

« Amoureux du monde entier. »

Avec ses premières Clodettes à la télévision...

Fantastique danseur.

1966 : « J'attendrai ».

Décontracté et souriant...

Le « look » des années 67.

Son dernier tube : « Mais quand le matin » de l'année 1967.

Pose superbe de Claude François dans son premier costume pailleté.

Cette sauvage photo de Claude François ornera la couverture de son disque « Serre-moi, griffe-moi ».

« Rêveries », en 1969.

« Un monde de musique », toujours en 1969.

La magie de la scène...

En compagnie de Sam Bernet de R.T.L.

Présentateur professionnel au cours de son émission « Avec le cœur ».

Avec Gilbert Bécaud...

Avec Jean-Loup Laffont d'Europe 1.

L'univers des émissions des Carpentier.

Très beau souvenir de « Clo-Clo ».

Un gala en plein air...

L'automne au moulin...

Dans les studios d'Europe 1.

Longues répétitions...

Une extraordinaire présence.

Avec Michel Sardou.

A la télévision, Claude François chante « Le Vagabond ».

« Le Chanteur malheureux. »

Au mariage d'André Torrent.

La signature de l'acte...

Vue d'ensemble de l'atmosphère des derniers galas de Claude François.

A Deauville, dans une émission de son ami Michel Drucker.

Ses dernières apparitions sur scène.

En 1978, toujours aussi jeune qu'à ses débuts...

Les Clodettes, belles, belles, belles !...

Un authentique dieu...

« Clo-Clo » et la nature : un amour réciproque.

Pose en studio...

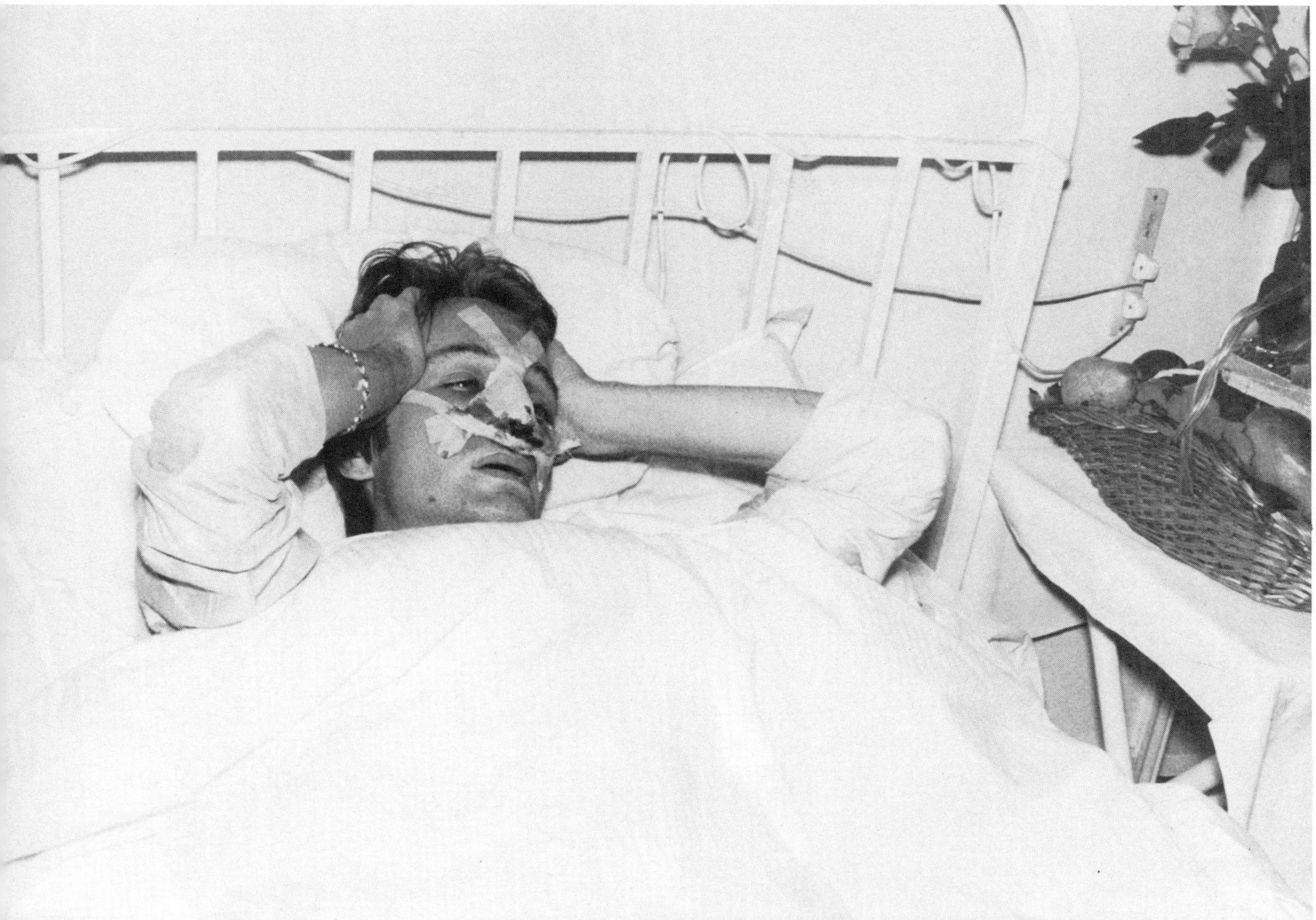

Une image terrible... Claude François blessé à la suite d'un accident de voiture.

Sortie des artistes...

Eté 1971, Claude François, entouré de ses Clodettes, chante et danse « C'est la même chanson ».

Un sens étonnant de la communication.

« Avec le cœur », une sympathique émission de télévision présentée par Claude François et Michel Drucker.

« Il fait beau, il fait bon », chante Claude François dans la France entière.

Claude François en tournée pendant l'année 1972...

Son premier costume à paillettes.

**Dans des salles immenses ou sur des tréteaux de bois,
Claude François s'est toujours donné intensément à son public.**

Tournée d'hiver dans la petite ceinture parisienne...

Eblouissant comme invité d'honneur à un « Cadet Roussel » de Guy Lux.

Cette très belle photographie de Claude François servira à illustrer la pochette de l'album du « Mal-aimé ».

Le plus célèbre duo de France : « Clo-Clo » et Frédérique chante « Le téléphone pleure ».

Un visage que l'on oubliera jamais...

Attachant duo entre Gilbert Bécaud et Claude François.

A la batterie pour une émission de variétés de Gilbert et Maritie Carpentier.

Une séance d'autographes enthousiaste...

A R.T.L. avec Sam Bernett.

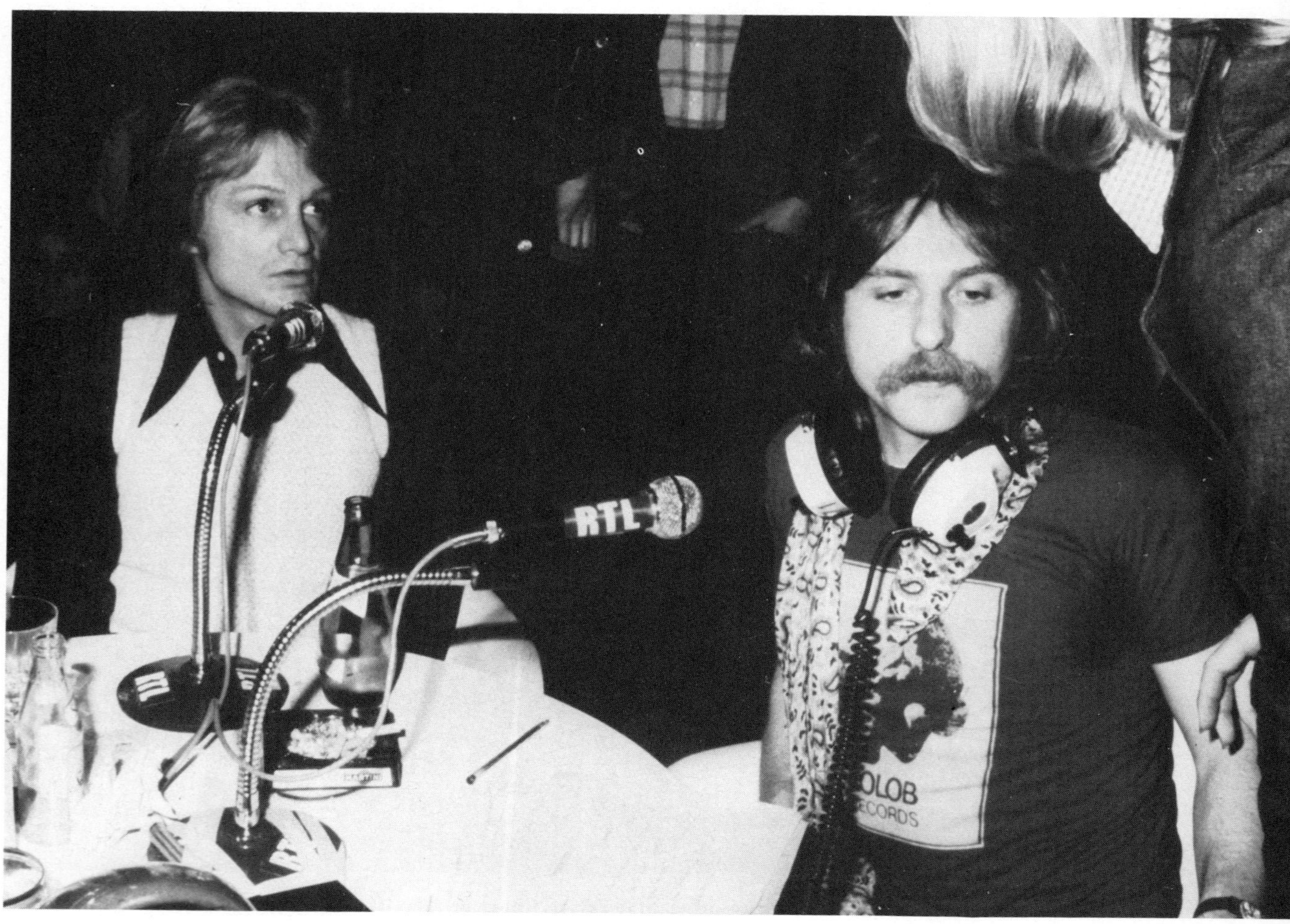

Le mariage de son ami André Torrent.

L'élégance à l'état pur...

Celui qui se disait un mal-aimé...

Arrivée à Orly après l'attentat de l'hôtel Hilton de Londres.

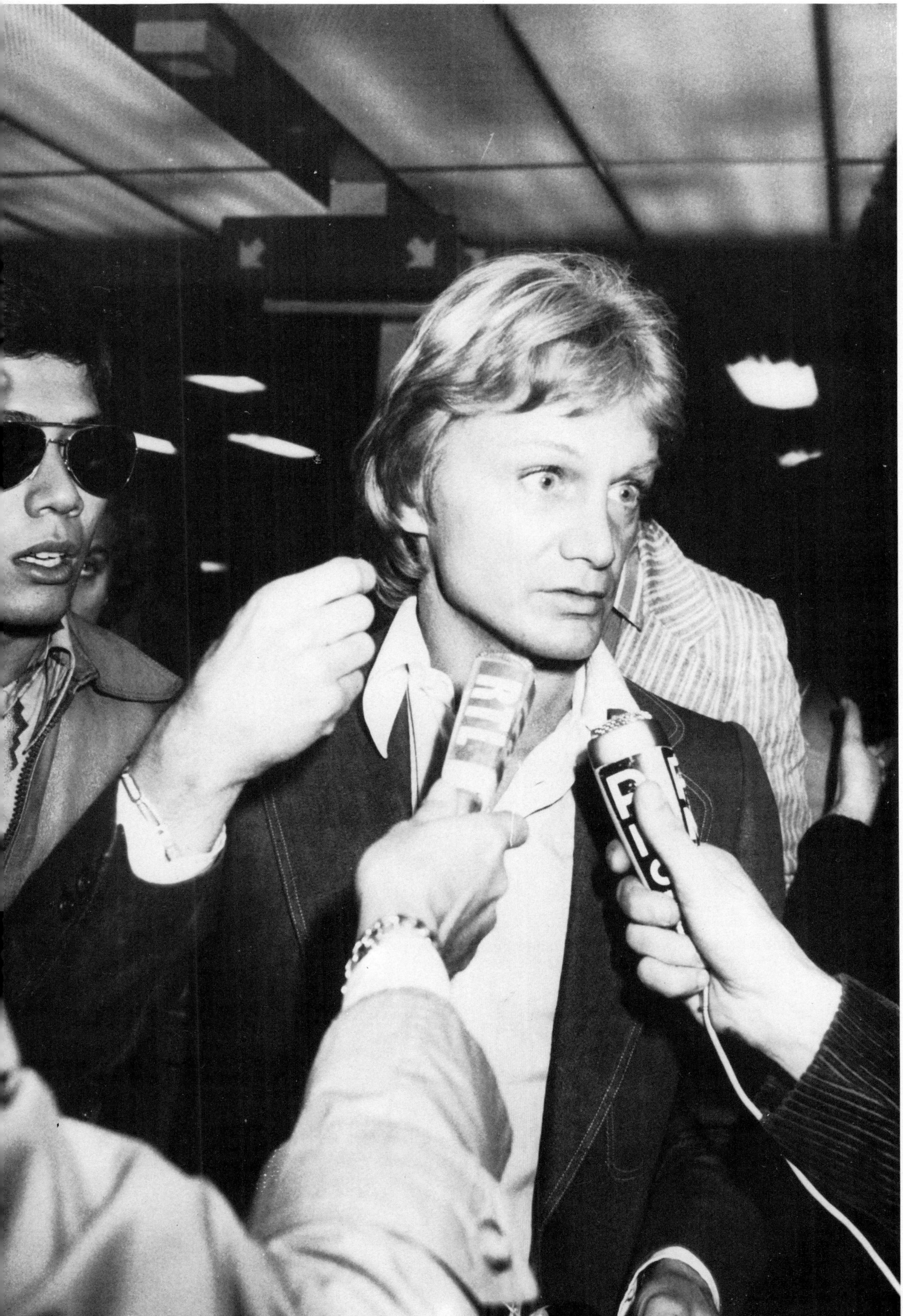

Encore traumatisé, Claude François répond aux journalistes...

Les multiples preuves d'amour à Claude François inscrites sur la façade de son domicile parisien...

Claude François participe au N° 1 de Michel Delpech de Gilbert et Maritie Carpentier.

Voyageur incognito, « Clo-Clo » et ses musiciens dans les halls d'aéroport...

Les inombrables coups de téléphone de Claude François à ses collaborateurs.

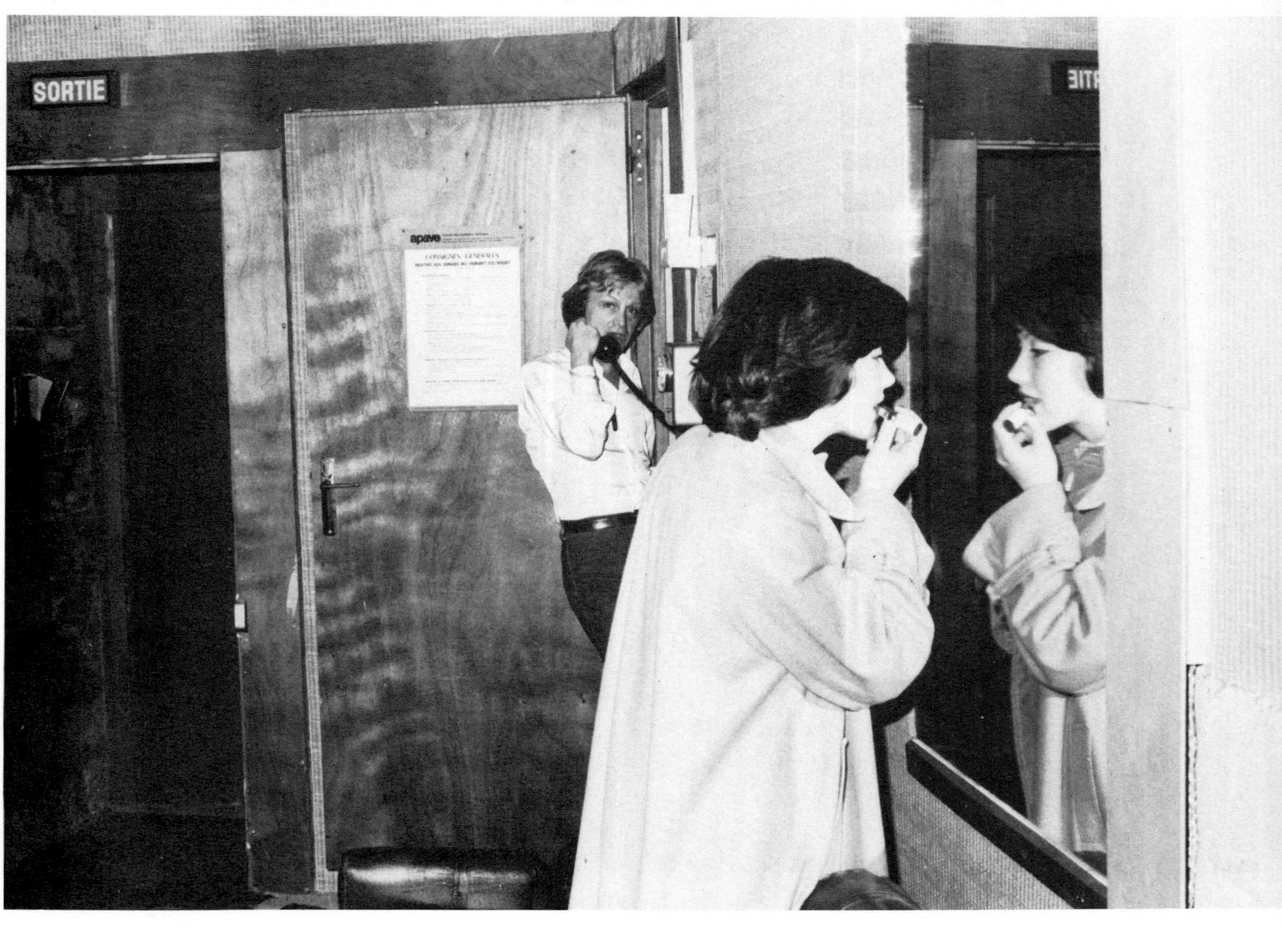

Chantant l'un de ses derniers tubes : « Le Vagabond ».

Claude François pose pour la pochette de son disque disco « Magnolias For Ever ».

L'arrivée en voiture à la salle de spectacle.

Inquiétudes avant le spectacle...

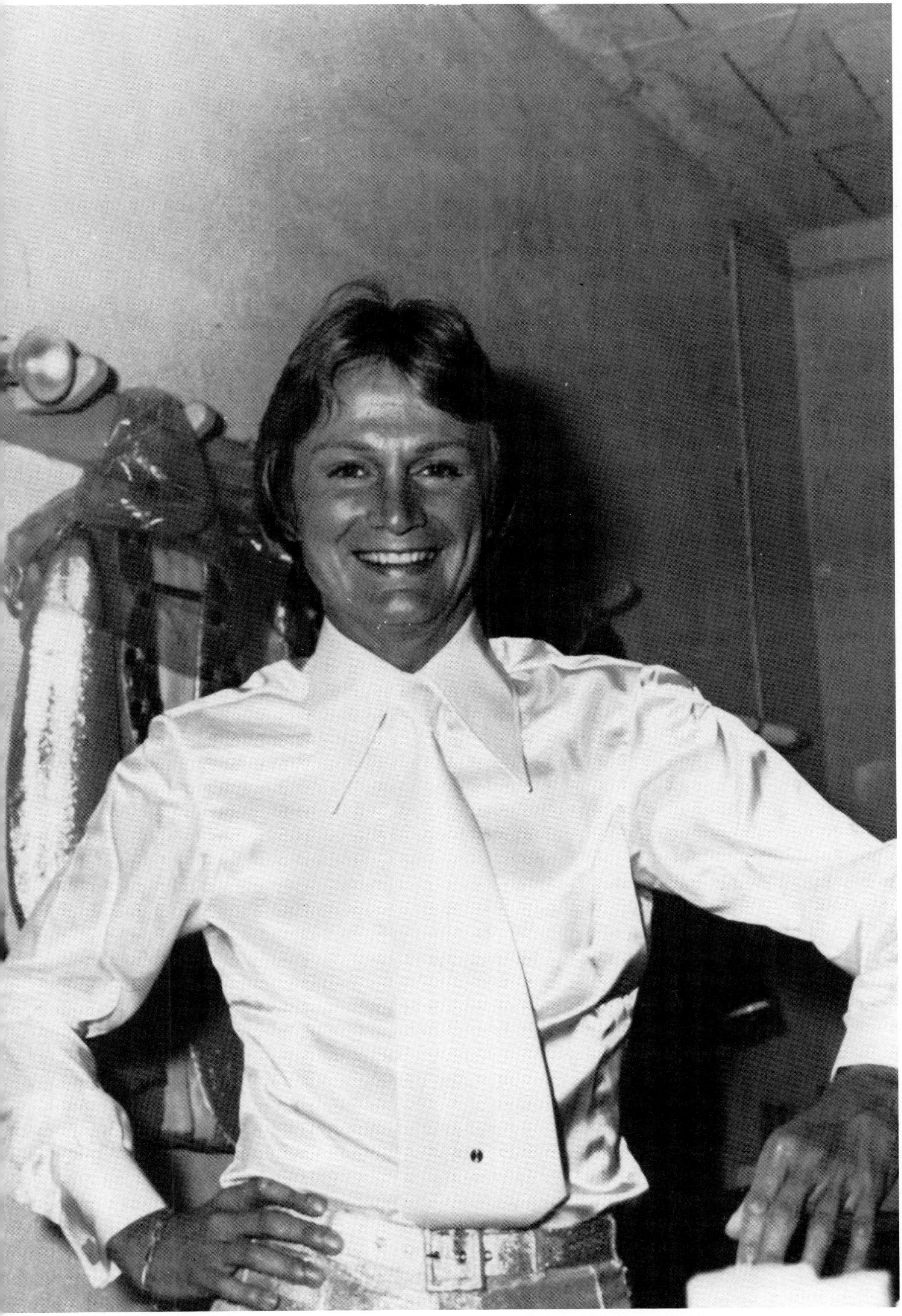

Dans sa loge, nerveux mais souriant, Claude François se prépare à affronter la foule impatiente qui l'attend depuis le matin...

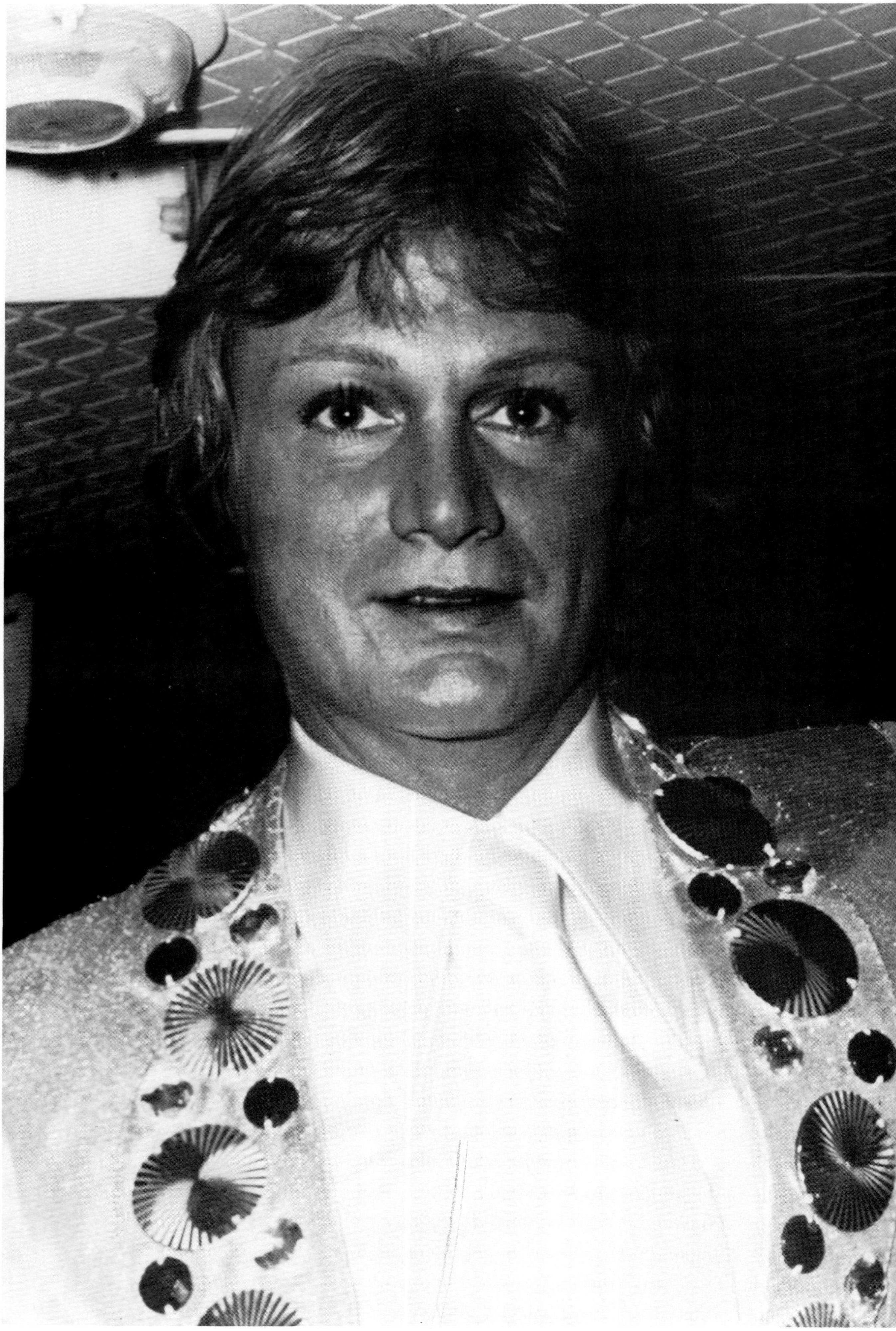

Cinq minutes avant d'entrer en scène...

En haut des marches... la scène.

Le spectacle peut commencer, Claude François est prêt.

Dialoguant avec son public...

Le public réclame à « Clo-Clo » ses anciennes chansons (« Si j'avais un marteau », « J'attendrai », « Reste »).

L'ivresse des projecteurs...

Toujours jeune, vif, enthousiaste sur scène...

La fête des Tuileries fut une soirée inoubliable pour son public parisien.

Vêtu comme un toréador...

Sous le chapiteau Claude François...

Isolé au milieu de sa fantastique et perfectionnée sonorisation...

Les derniers galas dans son costume bleu lamé.

« Je suis un mal-aimé, les gens me connaissent tel que je veux me montrer
mais ont-ils cherché à savoir ce qu'il y a au plus profond de moi. » (Chanson du « Mal-aimé ».)

15 décembre 1974, Claude François chante à Paris au profit de l'enfance inadaptée « Perce-Neige ».

Claude François et ses musiciens : une longue et fidèle histoire d'amour...

Tout le monde veut embrasser « Clo-Clo » sur scène à la grande inquiétude de ses gardes du corps.

Encerclé par ses fans les plus audacieux, « Clo-Clo » a du mal à finir son tour de chant.

Les « gorilles » de « Clo-Clo » ont du mal à faire respecter l'ordre.

Les petits fans montent sur scène pour embrasser tendrement leur idole.

Triomphant, superbement...

Arraché par ses fans...

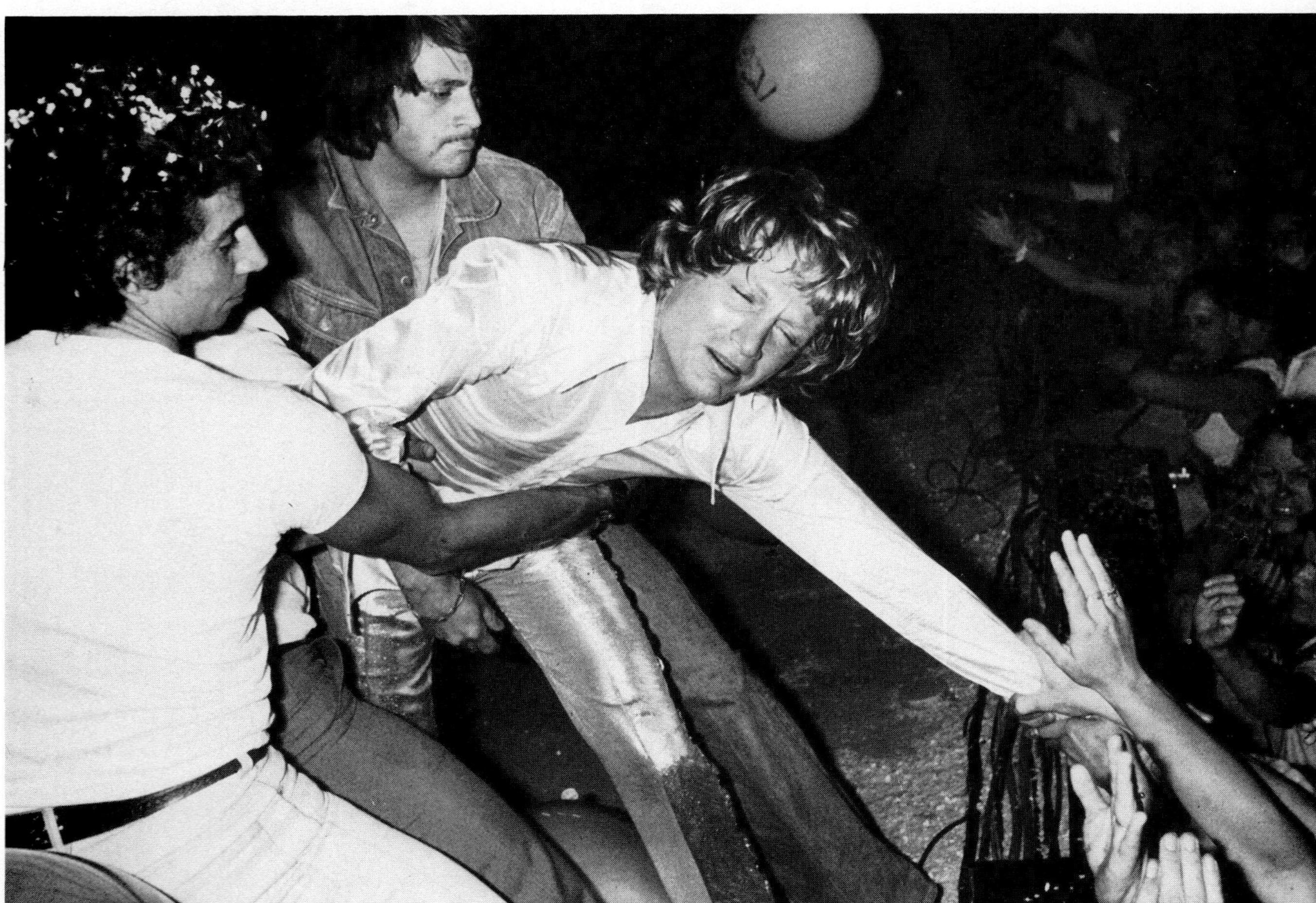

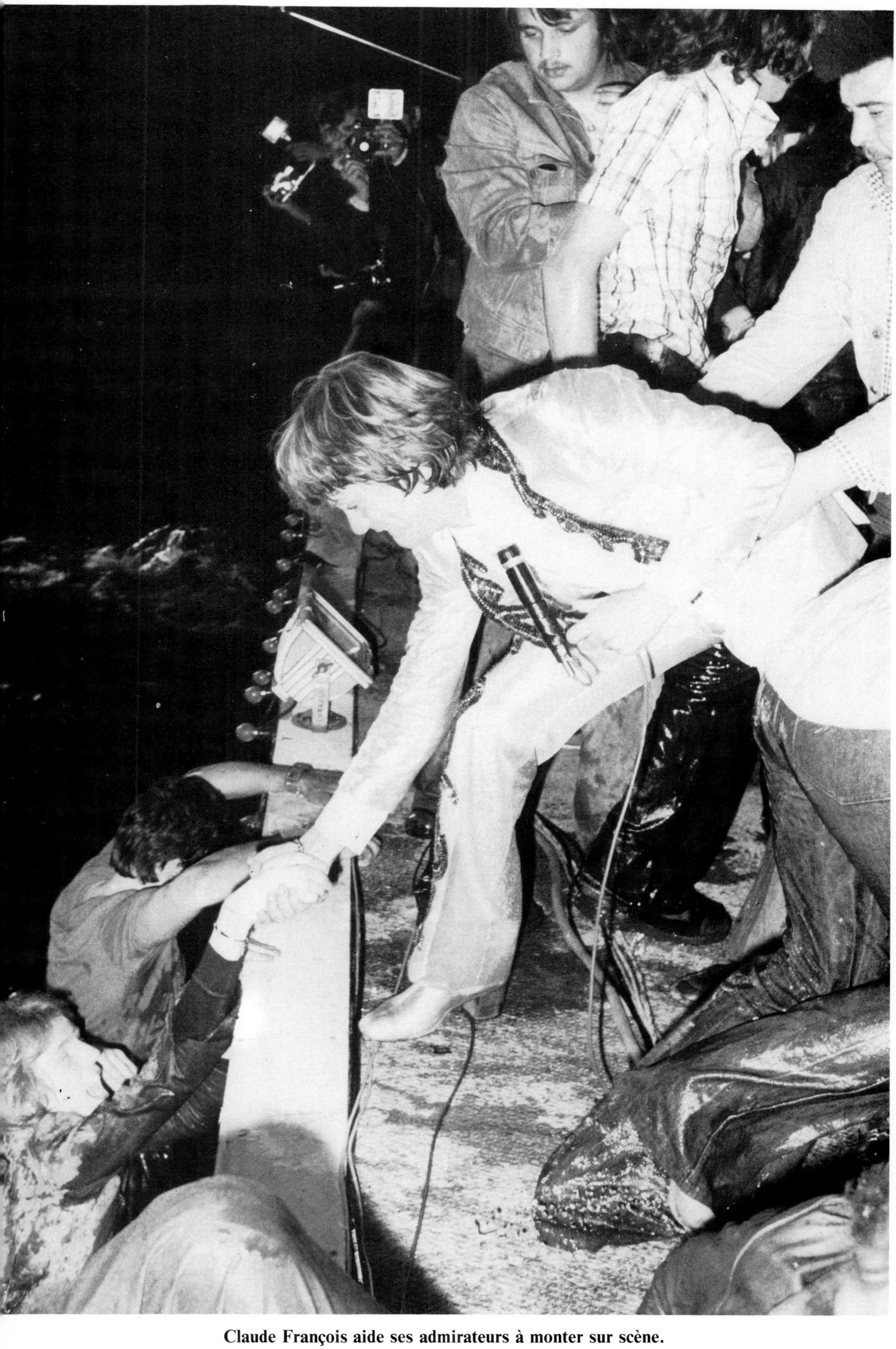

Claude François aide ses admirateurs à monter sur scène.

Le cadeau de « Clo-Clo » à son public, sa chemise trempée de sueur qu'il lance après une danse effrénée.

L'objet tant convoité ! ! !

Jouant avec les ballons à son effigie.

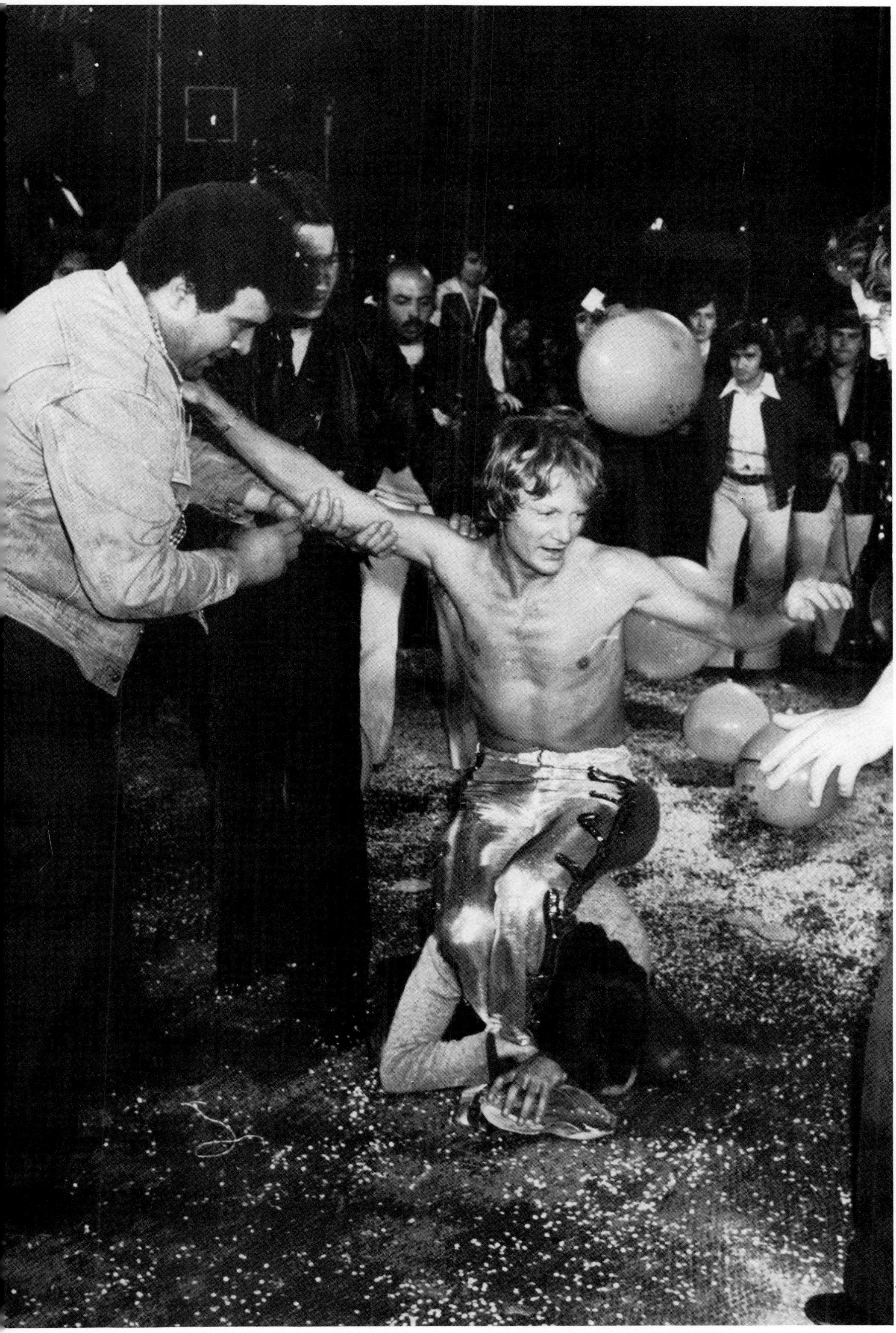

« Gros Minet », son garde du corps personnel, est l'ombre de « Clo-Clo » sur scène.

Une dernière danse sous les yeux émerveillés des photographes.

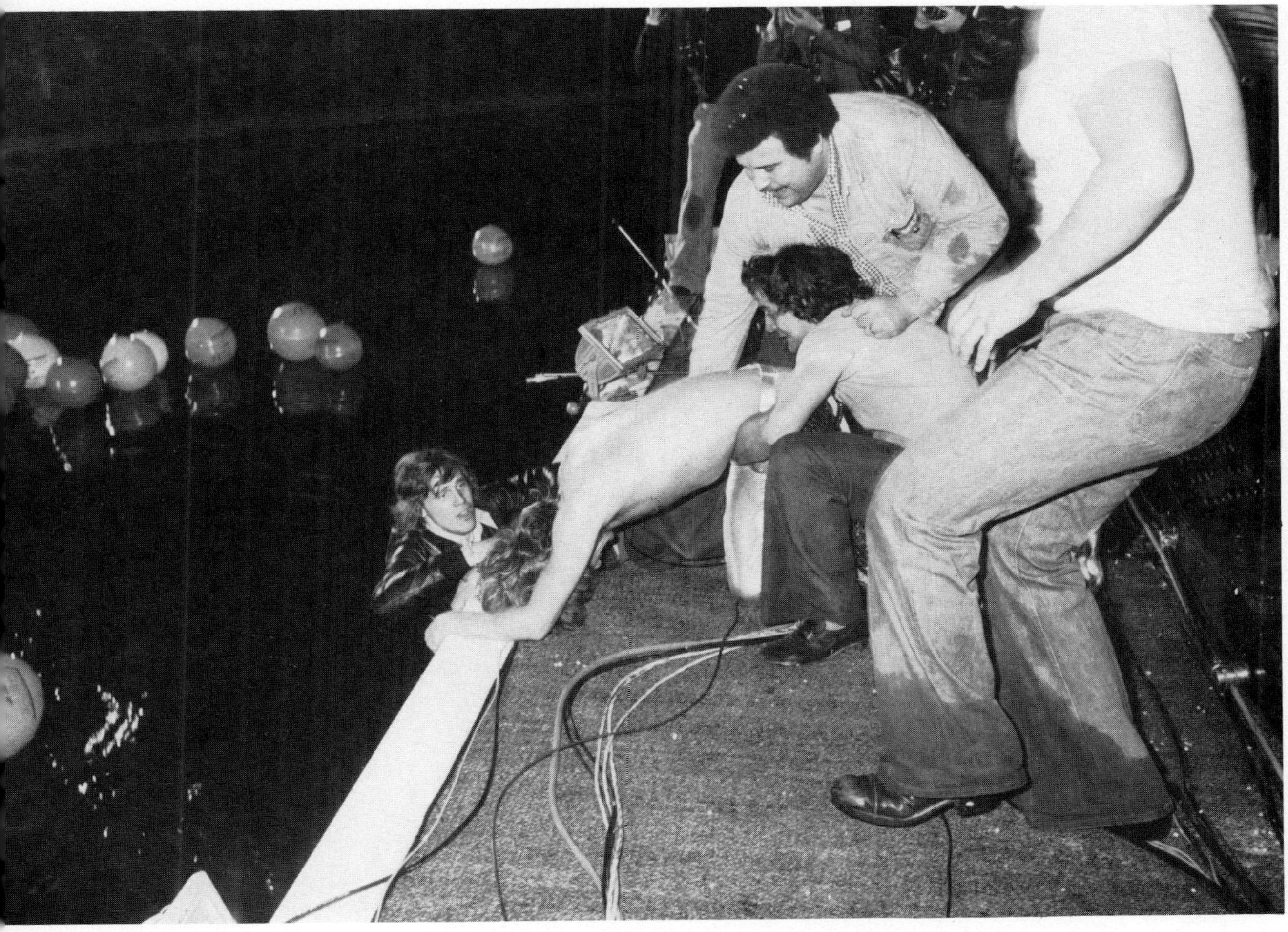

Les dernières minutes de la folle soirée des Tuileries...

Le V de la victoire...

Torse nu et victorieux.

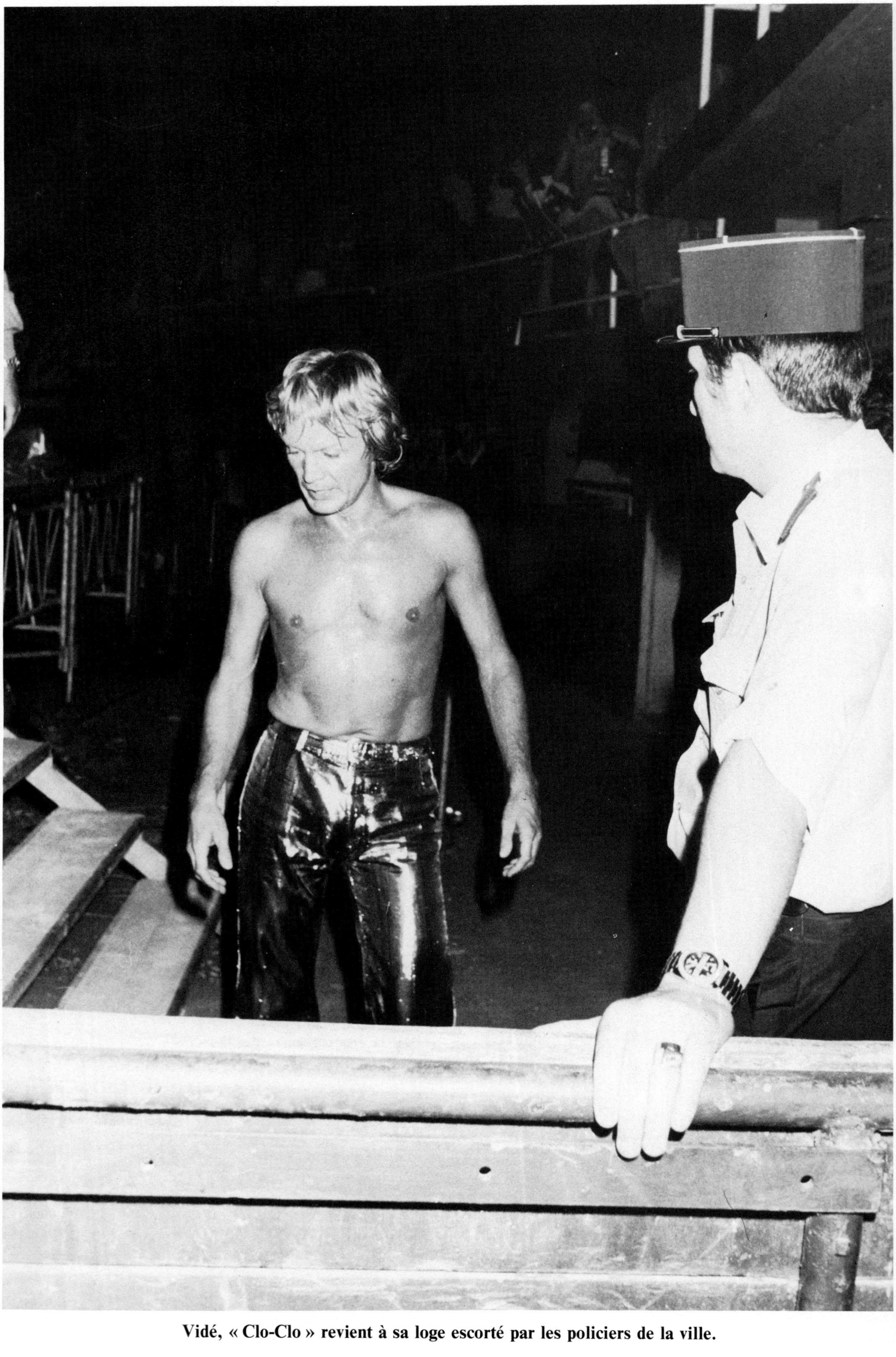

Vidé, « Clo-Clo » revient à sa loge escorté par les policiers de la ville.

Le samedi 11 mars 1978 devant son immeuble...

CLAUDE
FRANÇOIS
1939-1978

tempérament de feu ce repos forcé, pendant trois semaines encore dans cette clinique de Neuilly.

Il paraît enfin remis et de nouveau en pleine forme mais avant de reprendre ses activités, il s'envole avec quelques amis pour les Canaries afin de passer une semaine au soleil de Ténérife...

Au mois de mai, Claude est redevenu le show-man en pleine activité, le P.-D. G. sûr de lui et en forme. Comme pour conjurer le sort, c'est de nouveau à Marseille qu'il fait sa rentrée, au Palais des Sports cette fois. Il y a là autant de spectateurs qu'à la salle Vallier, sinon plus. Un véritable triomphe pour le chanteur dans ce super-gala retransmis en direct par Radio Luxembourg.

Puis les tournées reprennent, les galas à travers la France recommencent suivant le même rythme éprouvant...

L'année 1970 n'est décidément pas celle de Claude François. Le 17 mai, Claude doit se rendre à Nîmes où il va presque chaque année chanter, à l'occasion de la Foire. Pour se rendre dans le Midi, il utilise sa nouvelle voiture, une Lincoln Continental bleu nuit, qui vient tout juste de lui être livrée. Il quitte Paris le samedi matin de bonne heure et annonce à sa mère qu'il reviendra au « Moulin » le dimanche dans la matinée, étant donné l'éloignement de la ville. Il roule sur l'autoroute du Sud et arrive près d'Orange lorsque la Lincoln dérape, termine sa course dans le fossé, Claude étant projeté sur le pare-brise qui éclate. Il est envoyé une nouvelle fois en clinique, avec les pommettes ouvertes et une double fracture du nez. On apprend quelques heures plus tard que c'est l'éclatement du pneu avant droit de son véhicule qui a causé ce dérapage. Un vice de forme dans la fabrication !

Sur les lieux, les gendarmes déclarent à la presse que l'accident aurait dû être mortel pour Claude François, la voiture déséquilibrée par l'éclatement ayant sauté le parapet central, traversé l'autoroute pour se retrouver sur la voie opposée, dans le fossé. C'est le volant qui a brisé le nez de Claude en tournant très rapidement mais c'est peut-être aussi ce qui l'a sauvé car, à demi évanoui par le choc, il a été secoué comme un pantin, sans réaction, ce qui est préférable en la circonstance à une contraction de sa personne qui aurait pu lui briser les vertèbres cervicales. Il a tout de même échappé par miracle a la fracture du crâne !

A l'hôpital d'Avignon où Claude a été transporté, le docteur craint une coagulation trop précoce du sang risquant de former un caillot. Il exige donc le transport du chanteur à Paris, par le train et non par avion (en raison de la dépressurisation due à l'altitude.

Décidément, la malchance semble s'acharner sur lui. C'est la loi des séries et Claude, superstitieux, se dit déjà « jamais deux sans trois » lorsqu'il atteint la gare de Lyon, le dimanche à six heures du matin, où sa mère est présente pour l'accueillir.

Effectivement, l'année n'est pas finie ! Un chirurgien esthétique lui modèle un nouveau nez mais en décembre 1970, soit huit mois plus tard, ce nez se brise de nouveau et, ce qui est plus grave, sans que personne ne s'en aperçoive vraiment.

Alors qu'il se rend à Montparnasse au studio « Europe Sonor », Claude dérape à pied, sur un sol glissant et tombe la tête la première contre le rideau de fer du studio, sans pouvoir se préserver de ses mains. Il s'effrondre sur le trottoir, le visage inondé de sang, tant le choc a été violent. Son nez est une nouvelle fois ouvert mais semble ne pas être fracturé : seule la cloison nasale a été déviée.

Le médecin appelé d'urgence ordonne des massages et des rayons X pour redresser cette cloison. Hélas, rien n'y fait. Malgré un traitement sérieux, Claude ne parvient pas à retrouver une respiration normale. Il devrait se faire de nouveau opérer mais, bien qu'il souffre le martyre, il décide que cela attendra, ne pouvant laisser son travail trop important en cette saison. Il allait le regretter deux ans plus tard...

Devant respirer uniquement avec la bouche, Claude a beaucoup de difficultés pour chanter sur scène pendant une ou deux heures. Ainsi, chacun de ses galas se transforme en un véritable calvaire. Il quitte désormais toujours la scène à bout de souffle, au bord de l'asphyxie.

Le 15 mars 1973, alors qu'il enregistre l'émission de télévision de Guy Lux « Cadet Rousselle », Claude étouffe littéralement. Il sent qu'il ne va pas tenir le coup jusqu'à la fin de l'enregistrement mais tente tout de même d'y parvenir. Une fois de plus, c'est seulement sa grande volonté qui lui fait accomplir cet exploit. Quand il quitte le plateau, son visage est d'une inquiétante pâleur. Il s'effondre en arrivant dans sa loge et son secrétaire est obligé d'appeler immédiatement un médecin.

Après un rapide examen, celui-ci ordonne :

« Il faut l'opérer de toute urgence ! »

Pendant neuf jours, Claude va rester dans une clinique chirurgicale, après avoir subi une délicate intervention. Avant de redresser la cloison nasale avec un bistouri, le chirurgien a dû faire deux incisions à la base du nez pour ouvrir l'œdème qui bloquait la respiration. Ensuite, il a été obligé de briser la cloison pour lui redonner une position correcte. Cette opération n'est pas dangereuse mais elle est très longue et très douloureuse. Quand Claude s'est réveillé, il était très affaibli. Le docteur l'a rassuré :

« Tout s'est très bien passé. »

Dès sa sortie, Claude parle déjà de ses futurs galas. Il a l'intention de recommencer à chanter dans la première quinzaine du mois d'avril. Le chirurgien l'a pourtant prévenu : il lui faut attendre trois semaines pour être tout à fait rétabli et recommencer à se produire sur scène. Il a même ajouté :

« Si vous deviez avoir un autre accident, cela pourrait cette fois vous priver définitivement de votre voix. Il ne faut plus jamais toucher à votre nez ! »

Mais revenons à cette fin d'année 1970 que Claude voit arriver avec plaisir. Nouveau réveillon du jour de l'an en famille, dans la joie générale, comme le veut la coutume dans la famille François.

Puis commence une nouvelle tournée au Canada. Celle de l'année précédente ayant été un gros succès, les Canadiens réclament de nouveau Claude François qui repart, fin janvier – donc en plein hiver – pour un long mois, avec ses Clodettes, ses musiciens, ses secrétaires et ses techniciens, bref tout l'équipe habituelle.

Quand Claude se déplace ainsi, en avion, les bagages sont impressionnants. Outre l'importante sono, les instruments de musique, il y a les valises de chacun, les nombreuses malles de Claude lui-même avec ses quantités de costumes et de chaussures, des valises spéciales pour ses dossiers etc., au total, des centaines et des centaines de kilos de fret.

Le jour de son départ, il y a de nombreuses fans à Orly-Sud, qui ont tenu à l'accompagner pour lui dire au revoir, agitant leur mouchoir jusqu'à ce que le Jumbo quitte la piste.

Dès son arrivée à Montréal, Claude apprend que la température atteint la nuit 60 degrés au-dessous de zéro. Heureusement, la vie dans cette grande ville se fait très peu à l'extérieur, les gens ne quittant pas leur voiture, leur bureau ou leur appartement, faisant leurs différents achats dans les galeries d'immeubles après avoir laissé leur véhicule au parking.

A l'hôtel Lassalle, Claude rencontre Charles Aznavour qui termine sa tournée canadienne et revient en France quarante-huit heures plus tard. C'est Charles qui le prévient que le froid est actuellement terrible et que la météo annonce un hiver rigoureux ! Claude est découragé immédiatement. D'autant plus que les routes sont toutes enneigées et que les voitures ne peuvent pratiquement pas rouler en dehors des villes. Il loue un immense Pullman pour que toute la troupe s'y entasse, estimant qu'en conséquence tout le monde arrivera chaque jour sur les lieux du gala, ou bien au contraire que personne n'y sera !

Il aime bien voyager ainsi avec son équipe, se montrant très copain dans de telles circonstances, ne jouant plus au patron, au P.-D.G. Par exemple, s'il est très dur, très autoritaire avec les musiciens en particulier, il sait aussi se montrer gentil quand il n'est plus question de travail entre eux. Claude est un grand maniaque dans le business. Il ne supporte pas le moindre faux pli sur ses vêtements, la moindre mèche de cheveux de travers sur lui et sur les autres. Son orchestre doit absolument – sous peine qu'il ne fasse appel au « tiercé » – posséder la même maniaquerie. Chaque instrument de musique doit se trouver au même emplacement chaque soir, au centième près. Chaque choriste doit occuper le même point de la salle par rapport à lui, comme si le moindre déplacement pouvait avoir une importance considérable. En fait, il s'agit probablement là d'un tic, peut-être d'une superstition. Peut-être aussi que le moindre détail inhabituel lui ôterait la concentration dont il a besoin.

Le Pullman traverse les plaines d'Abraham (qui s'étendent autour de Québec), dans un froid terrible, un décor apocalyptique, avec cette neige qui tombe très fort, soufflée en rafales par le blizzard, avec au loin des traîneaux tirés par des chiens, des sapins couchés par la tempête. Claude va être marqué par ce spectacle et continuera plus tard d'en parler fréquemment.

Quand la tournée s'achève, il est très soulagé, comme l'est d'ailleurs toute son équipe, de se retrouver à l'aéroport et de quitter le Canada, malgré l'accueil chaleureux (enfin de la chaleur quelque part dans ce pays !) qu'il a reçu.

Avant de rentrer à Paris, il se rend à Détroit, aux Etats-Unis, avec ses directeurs artistiques Thierry Vincent et Jean-Pierre Bourtayre, pour enregistrer deux nouvelles chansons dans les studios de « Tamla Motown ». Ce sont « Je te demande pardon » et « C'est la même chanson », cette dernière qui allait devenir le succès de l'été suivant.

Au mois de mars, Claude se rend à Londres pour « mettre en boîte » les rythmics de ces deux mélodies, des rythmics basées sur celles des Noirs avec un nouveau son, spécialité des studios Tamla.

La chanson marche, les galas se déroulent sans problèmes, les disques se vendent, les affaires marchent elles aussi. Claude quitte la rue Clément-Marot pour de nouveau bureaux situés au 122, boulevard Exelmans, tout à côté de chez lui cette fois. C'est un hôtel particulier dans lequel il a toute la place nécessaire à ses nouvelles occupations. Dans le magazine Stéphanie, on peut lire un reportage sur l'installation de Claude dans les nouveaux locaux des disques Flèche.

« Au 122, du boulevard Exelmans, à Paris, près de la porte d'Auteuil, se trouve un portail. Derrière ce portail, on aperçoit un pavillon construit en pierres de taille, qui passerait inaperçu s'il ne s'agissait du pavillon où sont installés les bureaux des disques Flèche, dirigés par « Clo-Clo » lui-même. Quelle que soit l'heure à laquelle vous passez, vous y trouverez entre dix et vingt admirateurs qui attendent que Claude entre ou sorte de la maison.

« Lorsqu'on franchit ce portail et qu'on pénètre dans le pavillon, on peut rencontrer au détour d'un couloir Claude en conversation avec l'un de ses poulains, Patrick Topaloff par exemple.

« Afin d'éviter de fréquents déplacements à Londres pour enregistrer ses disques, Claude a décidé d'installer au sous-sol de son pavillon un studio géant de vingt-quatre pistes. Tandis qu'il prépare un nouveau 33 tours (nous sommes au début de l'année 1972), un 45 tours vient de sortir avec "Stop au nom de l'amour" et "Un peu d'amour, beaucoup de haine". Claude a décidé de ne plus jamais négliger les textes de ses chansons et il confie désormais à de grands auteurs le soin d'écrire ses paroles. Déjà parmi les quatorze titres de son dernier 30 centimètres, on pouvait noter des chansons plus tendres et plus poétiques. Et Claude nous a confié que les prochaines seront encore plus fabuleuses !

« C'est aussi dans ce grand pavillon que se trouve la fan-club de "Clo-Clo". Jean-Pierre s'en occupe à plein temps : c'est lui qui ouvre les enveloppes de vos lettres, répond à celles concernant l'achat des gadgets du club, et donne à Claude celles qui lui sont adressées à titre personnel.

« Attirés par la musique, nous montons au deuxième étage du pavillon où nous découvrons les quatre danseuses de Claude en train de répéter en vue d'un gala. Le tableau noir qui se trouve derrière elles sert à noter les indications nécessaires pour chaque chanson. Ces quatre filles, enviées par toutes les admiratrices de Claude qui aimeraient bien, comme elles, vivre chaque jour avec lui, s'appellent Dominique, Monesha, Peggy et Pat. »

L'été 1971, Claude fait une nouvelle tournée, emmenant cette fois avec lui, en première partie, Thierry Le Luron, avec lequel il a sympathisé et qui a maintenant pour imprésario Paul Lederman. En vedette « anglaise » on retrouve les Fléchettes dont les disques marchent de mieux en mieux.

Au mois de septembre, Claude François part à Marrakech pour faire toute une série de photos. Il est accompagné d'un très séduisant mannequin norvégien, Helen. Immédiatement, Helen passe pour être la nouvelle conquête de Claude, son nouvel amour. Un amour si solide qu'il va durer près de trois mois !

Jusqu'à présent, toutes les femmes que Claude avait connues en dehors d'Isabelle n'étaient passées que deux ou trois jours dans sa vie. Celle-ci, au contraire, semble y être davantage attaché. C'est parce qu'il a été séduit par sa photo vue dans un magaqine qu'il a aussitôt téléphoné à Oslo pour demander à Helen de venir à Paris afin de poser pour la pochette du disque et l'affiche l'accompagnant. Dès le lendemain, Helen était arrivée à Orly. Dès le surlendemain Claude et elle partaient ensemble pour Marrakech... Trois mois après Helen était remplacée !

Dans *Ici-Paris,* on apprenait que « Clo-Clo » était follement amoureux de la « belle Helen »...

« Le soir qui précéda leur retour en France, alors que Claude parlait de l'appartement qu'il se proposait d'acheter avenue Foch pour se rapprocher d'elle et la quitter le moins possible, Helen se mit à pleurer. Claude, bouleversé, la pressa de questions et elle finit par lui avouer que, dès leur retour à Paris, ils cesseraient de se voir...

« Ni les supplications, ni les promesses de Claude n'ont pu fléchir Helen. Depuis qu'ils ont quitté le Maroc, il n'a pas revu sa belle cover-girl. Le jour de leur retour, sans le prévenir, sans défaire ses valises, Helen a repris l'avion pour Oslo. Elle est maintenant chez sa mère. Délibérément, elle a mis entre elle et Claude des centaines de kilomètres... »

Une manière comme une autre de raconter la fin de cette liaison.

A peu près à la même époque, assez curieusement, *France-Dimanche* raconte une histoire à peu près semblable, concernant cette fois une certaine Odette, sous le titre : « Claude François abandonne son nouvel amour pour la mère de son enfant. »

On apprenait dans cet article qu'Odette était un joli mannequin avec lequel Claude avait posé au mois de décembre, pour des photos de mode, à Val-d'Isère...

Claude se moque de tous les bruits qui courent sur lui et sur sa vie sentimentale. Il se sait jalousé par les gens du métier, il sait qu'il attire aussi la sympathie. Il se réjouit dans les deux cas et déclare :

« Rien n'est pire que l'indifférence. Quand on parle de vous, même en mal, c'est qu'on dérange les gens et alors, c'est toujours bon signe ! »

AVEC LE CŒUR

Claude François enregistre une nouvelle chanson : en ce printemps 1972, qu'il baptise « Viens à la maison, y'a le printemps qui chante ».

Avant même sa sortie, ce titre lui apporte quelques ennuis avec Robert Lamoureux.

En effet, Lamoureux avait écrit bien des années plus tôt une chanson qu'il avait intitulée « Viens à la maison » et dont le titre était évidemment déposé. Il ne comprend donc pas que Claude, à son tour, veuille utiliser ce même titre et menace de lui faire un procès pour contrefaçon . Heureusement, l'intelligence et la gentillesse de Robert Lamoureux permettent que les choses s'arrangent, Claude François acceptant pour sa part de changer les pochettes déjà imprimées de ses disques et d'y faire figurer un nouveau titre « Y'a le printemps qui chante ».

Ceci n'est qu'une anecdote sans grande importance, dans les affaires de Claude. Il a des problèmes autrement sérieux avec ce qu'il considère comme la première entreprise de sa jeune société : la production d'une nouvelle émission de télévision intitulée « Avec le cœur », qu'il coproduit avec son ami Michel Drucker.

C'est le 24 mai 1972 qu'a lieu la première de cette émission. C'est un triomphe. Pour un coup d'essai, Claude a réussi un coup de maître. De nouveau dans le magazine *Stéphanie* qui paraît au mois de juin 1972, on peut lire des informations intéressantes sur le tournage de cette émission :

« On a beaucoup parlé, sans en connaître les détails, de l'émission "Avec le cœur" dont Claude François est l'auteur et le coprésentateur. Nous en avons suivi le tournage pas à pas, pendant deux semaines.

« Les premiers jours ont été calmes et ont surtout servi à répéter les grandes scènes qui devaient être tournées à partir du lundi 10 mai. Le vendredi 7, Claude était en pleine forme, car il venait de passer son permis pour piloter les bateaux. Il passa le week-end à travailler son nouveau 33 tours qui comporte un titre du même style que "Comme d'habitude" : "En attendant", qui sera certainement le tube de cet été.

« Le lundi matin, Edwin Star, Jean Lefebvre, Dany Saval et Michel Drucker sont sur le plateau. Une heure passe et Claude n'arrive toujours pas. Le téléphone sonne : on apprend qu'il y a eu un cambriolage aux disques Flèche, pendant le week-end. Les voleurs ont pris tous les électrophones, les briquets du fan-club, les bandes, les amplis. Claude est furieux, d'autant plus que cela retarde le tournage de l'émission qui doit être terminée au plus tôt car elle doit passer le 24 mai. Le tournage de ce lundi est, bien entendu, annulé. Rendez-vous est pris pour le lendemain 13 heures.

« Cette fois, c'est Claude qui arrive le premier, vers dix heures. Il a réglé la veille tous les problèmes de déclarations de vol et il peut se consacrer de nouveau entièrement à son émission. Mais les portes du studio sont fermées : rappelez-vous, ce mardi 11 mai débutait la grève de la télé ! Mercredi, même chose. Jeudi aussi. Claude est de plus en plus anxieux car cette grève n'a pas l'air de vouloir se terminer et si l'émission n'est pas finie dans quatre ou cinq jours, elle risque de n'être programmée qu'après les vacances, ce qui serait très ennuyeux. Enfin, jeudi, vers minuit, la radio annonce la fin des négociations. Quelques coups de téléphone tardifs permettront de donner rendez-vous à tous les artistes qui devaient passer le lundi.

« Vendredi, 13 heures, Jean Lefebvre, Charles Aznavour, les danseuses, les techniciens, sont sur le plateau. On tourne de nombreux plans. La bonne humeur reprend peu à peu le dessus. Claude passera son week-end à réorganiser le planning du tournage et à mettre au point tous les problèmes de Flèche dont il n'a pu s'occuper durant cette semaine mouvementée.

« Le lendemain fut un jour très important. On put rattraper une partie du retard. Il y eut la séquence avec Stone et Charden, puis celle avec Véronique Sanson. L'un des derniers chanteurs à enregistrer sa chanson fut Alain Chamfort. Peut-être ne connaissez-vous pas encore son visage puisqu'il s'agit de sa première émission à la télé... Il fait partie de l'équipe des disques Flèche. »

Durant cette activité débordante, Claude est plus pénible que jamais avec ses collaborateurs. Sa conscience professionnelle le rend irritable pour un rien, coléreux comme jamais. Il est une star mais n'agit pas comme tel. Il agit seulement comme un producteur qui soigne son travail. Il sait qu'il a tort de crier, d'engueuler des gens qu'il aime bien, mais c'est plus fort que lui. Comme il est un grand professionnel, il ne comprend pas que les autres ne puissent travailler autant qu'il le fait. Quelques secondes avant le tournage, il continue de tout vérifier, d'observer les décors, les caméras, les artistes eux-mêmes. Si un détail cloche, il entre en fureur, fait trembler le plateau, mais cinq minutes plus tard, si le problème est réparé, il déborde de joie.

C'est probablement pour tout cela, ou à cause de tout cela, qu'« Avec le cœur », est un triomphe et va devenir la plus populaire des émissions de variétés de la télévision.

Cette nouvelle occupation, cette nouvelle réussite, prend une grande place désormais dans la vie de Claude. Ce qui ne l'empêche pas, comme s'il disposait de quarante-huit heures par jour, de créer successivement deux magazines et donc de se transformer en directeur de presse. Ce sont d'abord *Podium,* un mensuel destiné aux jeunes dans lequel il raconte, parle du show-business français et international et multiplie les articles sur ses jeunes protégés. C'est ensuite *Absolu,* un magazine « pour homme », réservé à un public averti. Il revendra ce journal, mensuel également, quelques mois plus tard.

Claude va fonder aussi une agence de mannequins, « Girls models » qui emploie douze jeunes et jolies filles. En 1977, il se lancera dans un autre domaine, la parfumerie, en lançant une eau de toilette qu'il appelle « Eau noire ».

A la fin de l'année 1972, l'aile gauche du « Moulin » de Dannemois prend feu, la nuit. Accident ou malveillance ? On ne le saura jamais mais Lucie François penche pour la seconde hypothèse. Isabelle, cette nuit-là, a tout juste le temps d'enfiler un vêtement et de se précipiter avec ses enfants chez Paulette qui tient l'épicerie voisine, afin de demander du secours.

Intervenant rapidement, les pompiers viennent vite à bout du sinistre qui aurait pu s'étendre à tout le « Moulin » sans la réaction immédiate d'Isabelle.

Claude est prévenu seulement quelques heures plus tard, alors que tout danger est écarté. D'un naturel déjà très anxieux, cet incendie l'affole terriblement, car il pense aux enfants qui auraient pu périr... Il n'y a cette fois que des dégâts matériels qui seront réparés dans les jours qui suivent mais qui sait ce qui arrivera une autre fois, s'il s'agit vraiment d'un attentat ? Claude refuse pourtant de porter plainte, sachant que de toute façon cela ne servirait pas à grand-chose.

Sur le plan sentimental, Claude s'affiche maintenant avec une Finlandaise prénommée Sophia. Pour la rencontrer, il se rend plusieurs fois en Finlande dont une fois avec ses fils pour leur faire admirer les couchers de soleil sur les fjords romantiques et sauvages. Sophia vient, elle aussi, souvent à Paris et on la voit auprès de Claude « Chez Castel » ou à « L'Aventure » que dirige Dani.

A propos d'amour, d'autres filles tiennent une grande importance dans l'existence de Claude François : ce sont ses fans ! Celles que certains journaux traitent de « minettes démentes ». Sur le trottoir du boulevard Exelmans, qu'il vente ou qu'il neige, elles sont toujours là, en particulier le mercredi, ces filles âgées de quatorze à dix-huit ans, qui attendent leur idole devant les bureaux de Flèche ou devant son appartement. Pendant des heures, elles patientent dans le seul but d'apercevoir « Clo-Clo ». Elles ne lui demandent que quelques secondes de son temps, qu'un sourire en arrivant ou en repartant de son bureau. Peut-être ne viendra-t-il pas, mais cela n'a pas d'importance : les filles seront là le lendemain ou la semaine suivante ! Peut-être aussi acceptera-t-il de leur parler, de répondre à leurs questions, de leur donner une photo dédicacée ou comble de bonheur, de les embrasser.

Claude a besoin de ses fans. Il les aime et, même s'il lui arrive d'être énervé et fatigué, il ne se moque jamais d'elles et ne les repousse pas. C'est sans doute pour cette raison qu'il en a autant. Avec lui, elles se sentent comprises, proches de leur idole. Certaines pourtant vont un peu trop loin, pénétrant dans son appartement par les fenêtres de la terrasse, l'y attendant pendant des heures, écrivant au rouge à lèvres sur les murs et les miroirs, des déclarations d'amour enflammées.

Claude fait une déclaration à ce sujet au *Nouvel observateur,* parue le 6 août 1973 :

« Elles sont amoureuses. Elles ont envie de me sauter. Je corresponds définitivement à une génération précise. Mille petites filles aux premiers rangs qui hurlent, qui grimpent sur la scène, essaient de m'embrasser sur la bouche et me mordent les trois quarts du temps. Elles font partie du spectacle. Mais elles ne "font" pas la salle. Derrière, il y a les mères de famille, les minettes d'il y a treize ans. Plus une floppée de "jules" jaloux qui me traitent de "pédé" et qui viennent avec des boulons, prêts à les jeter. »

Où qu'il soit, ses fans y sont aussi. Elles le suivent partout et, si un jour en entrant en scène, il ne les entendait pas pousser leurs petits cris aigus qui leur sont si particuliers, Claude s'inquièterait et ne se sentirait pas à l'aise. Quelque chose lui manquerait. Mais ceci n'est jamais arrivé...

Parfois (c'est malheureusement survenu à plusieurs reprises) de véritables petites émeutes se produisent, faisant même des blessés. Ainsi par exemple, ce 8 juillet 1972, dans la salle Vallier de Marseille. Parce que trois cents jeunes fans n'avaient pas pu trouver de place pour assister au spectacle, ils ont forcé portes et fenêtres, se sont heurtés aux forces de police, déclenchant une bagarre générale. Des pierres, des bouteilles ont volé dans la salle, faisant plusieurs blessés.

De tels incidents sont de nouveau survenus au cours des années suivantes et, en particulier, le 19 juillet 1976, toujours à Marseille, mais cette fois au Théâtre aux Etoiles du Faro. Spectateurs blessés, sono brisée, charges de C.R.S., grenades lacrymogènes... Bilan : six blessés sérieux emmenés à l'hôpital et une trentaine d'adolescents interpellés par la police.

Claude regrette toujours profondément de tels accidents. En revanche, il n'en veut pas à ses admiratrices qui, par passion, lui volent gourmettes, montres, médailles et même une fois ses vêtements de scène dans le coffre de sa voiture :

« Elles ne font pas cela méchamment mais seulement par amour. Comment pourrais-je leur en vouloir ? Je sais que parmi elles, certaines en profitent pour faire du commerce avec les objets qu'elles me dérobent. J'ai appris par exemple que des morceaux de mes chemises ou de mes costumes volés sont revendus cinquante francs pièce à mes fans. Et cela je le déplore... »

Comme on l'a déjà dit, c'est parmi ses fans que Claude recrute quelques-unes de ses employées du fan-club ou de ses « secrétaires-bonnes à tout faire ». Par contre, il ne drague jamais lui-même. Si une fille lui plaît, il demande à l'un des garçons de l'équipe d'aller l'inviter à dîner en son nom après le show. Quatre-vingt-dix-neuf fois sur cent, la fille est au rendez-vous, toute tremblante, ne pouvant pas croire que son vœu le plus cher va enfin se réaliser. Jean-Michel, l'un des garçons qui draguait à la place de Claude, raconte :

« Toutes ces nanas étaient au bord de l'évanouissement en attendant Claude François. Elles avaient la sueur au front, me demandaient presque toujours une chaise pour s'asseoir car elles ne tenaient plus sur leurs jambes. Il faut les comprendre : elles rêvaient de Claude depuis des mois, des années. C'était leur Prince Charmant et enfin, il s'intéressait à elles, il les avait remarquées, il les invitait même à dîner ! Un miracle ! Avant qu'il n'arrive auprès d'elles, elles étaient déjà disposées à lui ouvrir leurs jambes. Je ne sais pas si Claude en profitait, je n'ai jamais tenu la chandelle et ce n'est pas mon problème. Ce que je sais par contre, c'est que pendant le repas, qui se déroulait rarement en tête-à-tête, Claude ne regardait pratiquement pas la fille en question. Mais dès le dessert avalé, il partait avec elle... »

Claude n'aime pas beaucoup que ses amis ou ses employés observent ses allées et venues, ses rapports avec les filles. Par contre, comme il est très jaloux, cette jalousie se reporte sur les Clodettes qu'il ne veut jamais voir flirter avec qui que ce soit. Un peu comme si elles étaient « ses choses ». Si l'une d'entre elles était la petite amie d'un musicien ou d'un technicien, par jeu, mais aussi avec une certaine amertume, il le criait sur les toits. Quand il présentait la fille en question au public, sur scène : « Voici une Telle. Elle sort avec le bassiste », désignant tout le monde du doigt, faisant pointer les projecteurs sur les deux personnes en question. Le public applaudissait sans comprendre grand-chose, mais la fille, comme le musicien, n'appréciait vraiment pas. Claude avait le droit de séduire qui il voulait, mais personne autour de lui ne devait faire la même chose.

Au mois de mai 1972, quatre jours très exactement après « Avec le cœur », Claude François se produit dans un show d'une heure à la B.B.C. Cette émission a été enregistrée pendant le week-end de l'Ascension et, pour elle, Claude a passé cinq jours à Londres. En voici le compte rendu publié dans *Stéphanie :*

« Jeudi 11 mai.

« Lorsque Claude débarque à l'aéroport de Londres, des policiers l'attendent et le conduisent jusqu'à la salle de répétitions. Il retrouve là-bas ses danseuses, ses choristes et son batteur, qui sont venus en car. Les autres musiciens de son orchestre n'avaient pu se rendre à Londres pour des raisons syndicales, les Anglais étant très à cheval sur les principes ! Le soir, toute l'équipe se retrouve dans un restaurant tahitien "The Tra Der'Vic".

« Vendredi 12.

« Tout le monde était sur le plateau à dix heures trente. On reprend les répétitions de la veille. Claude est en super-forme : il travaille sans s'arrêter jusqu'à vingt heures. Il passe la soirée avec quelques intimes dans un restaurant italien. Il en profite pour fêter l'anniversaire de l'une de ses amies.

« Samedi 13.

« C'est la journée historique : Claude va enregistrer l'émission, en direct, devant un public anglais de cinq cents personnes. Les chansons s'enchaînent à une cadence infernale. Il chante successivement : « Comme d'habitude », en français, puis « Une petite larme m'a trahi », « Même si tu revenais », « Stop au nom de l'amour », et « Il fait beau, il fait bon » en anglais puis « Eloïse », « C'est la même chanson », « Cherche », « Je te demande pardon » et « C'est de l'eau c'est du vent » de nouveau en français. Le public anglais qui connaît peu son répertoire lui fait un triomphe. Claude est ravi.

« Dimanche 14.

« Le dimanche en Angleterre, c'est le jour du repos. Claude ne manque pas à la tradition...

« Lundi 15.

« A midi, il a un rendez-vous très important avec un producteur américain. Il se rend ensuite chez Biba, la plus connue des boutiques de fringues où il choisit des vêtements pour "Coco". Puis il va s'acheter du saumon fumé qu'il adore dans un magasin de luxe où il se rend à chaque fois qu'il est à Londres, "Fortnum and Mason". Il est bientôt l'heure d'aller boucler les valises. A l'aéroport, Claude fait une petite réserve de cigares puis l'avion s'envole en direction de Paris. »

Ce texte destiné aux adolescentes admiratrices inconditionnelles de Claude mérite d'être reproduit ici car il prouve la parfaite organisation de tous les voyages, de tous les galas.

Chaque spectacle de Claude François est merveilleusement « orchestré », si l'on ose dire. C'est pourquoi il est d'autant moins responsable des émeutes qu'il provoque à cette époque, bien involontairement. D'ailleurs, Claude n'est pas le seul chanteur dans ce cas... Depuis ses débuts sur scène, c'est-à-dire depuis treize ans maintenant, il a eu le loisir de mettre au point chaque minute précédant son show et chaque instant suivant la fin du spectacle.

Paris-Match raconte le déroulement d'une soirée :

« L'organisation commence sur le plateau où il arrive toujours deux heures à l'avance pour répéter et reconnaître les lieux. Pendant la première partie du spectacle, avant d'entrer en scène, il se maquille et s'habille lui-même. Un véritable cérémonial dans la loge où il fait chaque jour déposer une glace en pied, un miroir grossissant et deux chandeliers, une radio, une T.V. portative, un petit tapis de sol en éponge, une panoplie de brosses à cheveux, séchoirs et crèmes.

Puis il soigne sa gorge scientifiquement : miel, citron sucré, voporisateur. Seul dopant : un verre de Chivas.

A la fin du spectacle, quand il revient saluer en peignoir de bain, il a perdu entre trois et cinq kilos. Ses admiratrices les plus exaltées qui ont submergé le rempart des techniciens l'ont embrassé ou mordu. Il s'effondre dans sa loge. Parfois même on doit le porter. Mais une demi-heure de solitude lui suffit pour récupérer.

Cette solitude qu'il redoute toujours et qu'il va chanter un peu plus tard : « La solitude, c'est après. »

De 1971 à décembre 1973, Claude n'a pas cessé de tourner, en France, Suisse, donnant aussi des galas au Canada, en Italie, en Angleterre...

Accaparé par son travail, il a probablement délaissé ses problèmes d'homme d'affaires aussi connaît-il de sérieux ennuis au début du mois d'avril 1973. Tous les journaux titrent en effet, le 4 avril : « Claude François inculpé de fraude fiscale. » Comme Johnny Hallyday, Polnareff, plus tard Richard Anthony, Aznavour et quelques autres, il a été pris dans le colimateur du fisc, lequel a déclenché « l'opération Claude François ». Après de longues semaines d'enquête, celle-ci a abouti à l'inculpation du chanteur. Ce jour-là, on lit dans *Le Monde* :

« Sur plainte de la direction générale des Impôts, le chanteur Claude François a été inculpé, le lundi 2 avril, de fraude fiscale par M. Roland Defontaine, juge d'instruction à Paris, qui l'a laissé en liberté. Le magistrat avait déjà inculpé du même délit, la semaine dernière, la sœur et le beau-frère du chanteur, M. et Mme Eric Eschenlhor. Les trois inculpés ont choisi Me Curtil pour défenseur.

« Les dissimulations qui ont suscité des poursuites portent sur trois années. Elles seraient de l'ordre de 1 800 000 francs pour les revenus personnels de Claude François, de 300 000 francs pour la société de production de disques de Créations artistiques, dont Mme Eschenlhor est le président-directeur général, de 230 000 francs pour la société de vente de disques éditions Jeune musique, gérée par M. Eschenlhor. »

Le même jour *L'Aurore* précisait :

« Les activités du chanteur et la masse d'argent qu'il brasse – souvent d'ailleurs de très loin – sont tellement considérables, que l'artiste se refuse pour l'instant à toute déclaration, n'ayant pas encore pu lui-même effectuer tous les recoupements nécessaires.

« En ce qui concerne les ventes de disques et de galas, les estimations de gains sont extrêmement difficiles à faire : depuis plusieurs années, Claude François se produit lui-même et tout ce qui l'entoure est bien mystérieux. »

Quoiqu'il en soit, malgré une défense sérieuse prouvant sa bonne foi, Claude sera condamné quinze mois plus tard, en juillet 1974, à huit mois de prison avec sursis, une amende de 25 000 francs et le remboursement au fisc de 5 000 000 de francs.

Lucie François explique ce qui s'est passé, selon elle :

« Une fois de plus, c'est la confiance qu'il avait en autrui qui lui coûta très cher. Un comptable – que je ne citerai pas mais qui travaillait avec Claude depuis de nombreuses années – s'avéra être un mauvais gestionnaire. Il n'arrivait pas à "boucher les trous" comme on dit en langage comptable. Etant donné qu'il y avait beaucoup d'employés salariés, pour arriver à boucler son budget le comptable faisait signer à Claude des chèques pour les impôts mais ne les expédiait pas. Mon fils, de bonne foi, croyait qu'il avait payé ces impôts puisque les chèques lui avaient été présentés.

« Comme ils n'avaient pas été envoyés, le compte n'était pas débité et l'argent restait au comptable pour boucler son budget, payer les employés. C'est dire qu'il était complètement dépassé et n'arrivait absolument plus à contrôler la situation. Cela dura quatre ans pendant lesquels Claude ne soupçonna rien, jusqu'au jour où la police se présenta simultanément au bureau et à l'appartement.

« Claude, qui avait sa fierté, n'a pas tellement supporté l'intrusion de ces hommes de loi en délégation. D'autant plus qu'il avait la conscience tranquille. Ils fouillèrent les papiers et retournèrent la maison pendant deux jours. Quand la machine administrative se met en route, on ne peut plus l'arrêter ! C'est pour ça que Claude se retrouva quelques mois après devant le tribunal...

« Cela lui porta un coup énorme, d'autant plus qu'à cette époque, il se remettait en question professionnellement. Il voulait arrêter la scène quelques mois et faire une coupure pour chercher une autre forme de prestation artistique. Ce nouveau coup asséné moralement fit accélérer les choses... »

En effet, l'année 1973 semble être aussi dramatique pour Claude que l'a été 1970. Le 2 juillet, alors qu'il chante de nouveau sur la scène du Palais des Sports de Marseille – une ville qui ne lui porte décidément pas chance – devant dix mille personnes, il manque d'être défiguré par une horde de filles à laquelle s'est mêlée une bande de voyous.

Vingt minutes avant la fin de son tour de chant, l'incident éclate. Un véritable commando de filles et de garçons, tous des adolescents, envahit la scène. Ils voulaient être plus près de leur idole... Immédiatement, les gorilles de Claude jaillissent de derrière le rideau pour essayer de les repousser, de les faire évacuer. Une courte bousculade éclate sur scène. Claude, qui continue néanmoins à chanter, est pris au milieu des coups. C'est alors qu'un véritable attentat est commis contre lui ! Mêlés à ses admirateurs, des voyous sont montés eux aussi sur scène, discrètement, profitant de la pagaille. Ils se précipitent sur le chanteur, qui reçoit un coup de tête qui lui fend l'arcade sourcillière et la paupière gauche. Le sang se met à couler à flots sur son visage, se répand sur sa chemise. Claude essaie alors de regagner les coulisses pour s'éponger mais s'aperçoit qu'il ne voit plus clair. Le sang l'aveugle. Il reçoit alors en plein visage un micro qui le blesse sur la pommette droite.

Une fois de plus, il faut le transporter dans sa loge et appeler un médecin de toute urgence !

Au milieu de l'été, ses bureaux du boulevard Exelmans sont ravagés par des cocktails Molotov.

Au mois d'août, un certain Villalonga, « parce qu'il n'aime pas Clo-Clo », dira-t-il plus tard aux policiers, va jusqu'à l'attaquer avec une bombe au cours d'un gala, à Lézignan, dans l'Aude, sur la place du stade Marcellin-Albert. Alors que Claude vient d'entrer en scène, les spectateurs des premiers rangs reçoivent des jets de vinaigre puis bientôt des tomates et des cailloux. Il est évident que c'est Claude qui est visé. *France-Dimanche* du 17 août 1973 raconte l'attentat :

« Soudain une petite flamme traversa l'air, dans la direction de "Clo-Clo", dans un éclair bleu. Une terrible explosion secoua la salle, pendant une seconde, ce fut le silence, puis un long cri de femme blessée déchira l'air. A quelques mètres de "Clo-Clo", c'était un spectacle horrible. Une spectatrice tenait son poignée droit presque arraché à l'aide de sa main gauche. Près d'elle, sa nièce Anne, dix ans, se tordait de douleurs, atteinte d'éclats aux jambes. Derrière elle, un homme de soixante-quatorze ans était également blessé aux jambes. Le plus atroce, c'est que la spectatrice atteinte au poignet a dû être amputée. La bombe qui visait "Clo-Clo" lui avait littéralement sectionné le poignet droit car, courageusement, cette mère de famille avait tenté de ramasser l'engin explosif pour le rejeter au loin.

« C'est un véritable engin de mort qui a été lancé sur "Clo-Clo" : une "bombe de plein air", de la grosseur d'une orange bourrée de poudre noire. »

Lorsque l'agresseur est arrêté – un garçon de vingt-deux ans – la police découvre sur lui six autres bombes du même modèle ! On imagine les terribles dégâts qu'il aurait pu causer s'il était parvenu à lancer tous ses engins dans la salle.

Il en faut davantage pour effrayer Claude. Ses prestations sur scène sont de plus en plus exceptionnelles et plaisent à un public extrêmement large. C'est pour ces spectateurs que Claude a eu l'idée originale de se produire sous un immense chapiteau dès le 21 novembre 1972. Pendant cinq semaines, c'est-à-dire jusqu'après les fêtes de Noël, plusieurs dizaines de milliers de Parisiens ont ainsi pu venir applaudir Claude.

Dans un long article publié le 19 octobre 1972, *France-soir* explique les raisons de ce chapiteau, selon Claude :

« Je regarde le monde évoluer. A New York par exemple, les plus grandes vedettes passent dans des salles immenses, quarante, cinquante mille personnes, qui sont loin du centre. Elles vont chercher les gens chez eux, car ils répugnent, et c'est normal, à refaire des kilomètres pour se retrouver encore plus près de leur lieu de travail. Paris devient une ville américaine : la périphérie s'étend, il y a là tout un public qu'il ne faut pas oublier.

« Mon chapiteau pourra contenir quatre mille personnes assises. Je ne suis pas un fanatique du chapiteau, mais c'était le seul moyen d'obtenir cette contenance. Pour cette tournée, je n'ai pas voulu de folklore, de parade, de distribution de tee-shirts, etc. Je me suis concentré sur le spectacle. Je ne cèderai pas sur la qualité : les musiciens coûtent cher mais j'en garderai trente. Que voulez-vous, des cuivres épanouis, huit violons qui tiennent la note... Moi, je me régale ! »

C'est le 21 novembre à Morangis qu'a démarré la grande tournée de Claude dans la banlieue de Paris. Une tournée qui représente en quelque sorte la rentrée parisienne de Claude François, absent depuis longtemps des scènes de la capitale, s'il est toujours aussi présent en province.

C'est un super-show totalement inédit qu'il présente sous son chapiteau géant, avec de toutes nouvelles chansons, une nouvelle chorégraphie dansée par les Clodettes et une mise en scène ultra-moderne. La première partie est assurée par Alain Chamfort et, en covedettes américaines, Véronique Sanson et Patrick Topaloff.

Il ne faut pourtant pas confondre la tournée de Claude avec celle du « Johnny Circus » qui vient de se produire quelques semaines plus tôt. Celle-ci est seulement une tournée de music-hall, contrairement au spectacle d'Hallyday. Claude à choisi un chapiteau pour l'unique raison qu'il n'existe pas encore à Paris et dans la banlieue de salles suffisamment grandes pour le recevoir, pour accueillir un très grand nombre de spectateurs.

Son show a été un énorme triomphe et, le soir de la dernière sur la pelouse de Reuilly, Claude a déclaré : « Je recommencerai peut-être. »

Malgré ces succès, Claude François est fatigué. Il a envie d'autre chose. Ses ennuis de businessman, ses problèmes avec le fisc, le découragent un peu. Il veut vivre non pas autrement mais vivre de nouveau événements. Lesquels ? Il ne le sait pas très bien lui-même. Ses disques se vendent mieux que jamais, mais il en a marre !

Le 12 janvier 1974, à Bruxelles, Claude François fait ses adieux à la scène, à grand renfort de publicité, les adieux étant repris par toute la presse pour teenagers. Depuis quelques jours déjà, il en parlait :

« Encore quelques galas et je laisse tomber définitivement la scène pour me consacrer uniquement aux disques et à la télévision. »

Au Forest National de Bruxelles, hypnotisé par l'attrait de la foule en délire, il se jette de la scène vers le public qui lui tend les bras. Il se moque alors de se blesser, tentant en quelque sorte de faire corps avec ses fans, geste symbolique dans lequel il veut montrer qu'il s'est toujours totalement donné à eux.

« La foule, c'est un peu une fille que j'aime conquérir. Pour y parvenir, je veux donner le meilleur de moi-même. Nous faisons l'amour ensemble et c'est merveilleux. »

Le public est en larmes, Claude regrimpe péniblement sur scène et annonce après ce super-gala qu'il ne remontera plus sur les planches. De retour à Paris, il y passe quelques jours pour régler divers problèmes et, afin de bien montrer que sa décision est réellement prise, il part pour de très longues vacances à Tahiti, afin d'oublier ses ennuis et son métier.

Mais ses amis savent déjà qu'il ne pourra pas se passer longtemps de la chanson, des fans, des bravos...

TOUT ECLATE TOUT EXPLOSE

Claude François revient en France au printemps.

Pendant quelques mois, il va se consacrer à ses affaires, à ses journaux. *Podium* est en passe de devenir le numéro un des magazines de jeunes. Claude l'a modelé à son image : coloré, dynamique, éclatant. Il prend neuf heures de sommeil par nuit, avale de nombreux jus de carotte et de pamplemousse, fait de la course à pied le week-end autour du « Moulin », ingurgite une bouteille entière de Volvic la nuit, pour « éliminer ». Plus d'alcool, pas de tabac, tout pour être en forme !

Il part encore une semaine au Congo puis, le 15 juin, il décide déjà d'effectuer sa grande rentrée à Valence. Les « adieux » n'auront duré que quelques mois...

Son visage est reposé. Il semble en très grande forme, très sûr de lui, ayant déjà oublié ses vacances. Il est totalement repris par son métier et ne pense déjà plus qu'à son prochain retour dans la capitale.

Le magazine *Super-Géant* raconte, dans son numéro de juillet 1974, ce break dans la carrière de Claude :

« Aujourd'hui "Clo-Clo" a enfin réalisé l'un des grands rêves de sa vie : faire le tour du monde... Pourtant, il ne pouvait déjà plus se passer de son public après cinq mois d'absence.

« Il y a quelques semaines, quand nous étions à ses côtés à Tahiti, il nous a révélé que le retour serait probablement plus proche que prévu. Nous avions compris : "Clo-Clo" ne pourrait jamais vivre sans la scène. Enregistrer ne lui suffisait pas, il avait besoin de ce contact avec le public. Enfin, ce mois de juin, il n'a pensé qu'à une seule chose : préparer sa rentrée. Inutile de préciser qu'il a de nouvelles idées musicales plus géniales encore que les précédentes.

« Pendant ces cinq mois, "Clo-Clo" s'est aussi perfectionné dans la danse. Nous l'avons donc découvert le 15 juin à Valence, plus beau et plus brillant encore. Mais quand "Clo-Clo" travaille, tout le monde sait qu'il n'est alors plus question de vacances... Il avait donc décidé, avant ce premier gala, de s'octroyer quelques derniers jours dans un pays merveilleux qu'il ne connaissait pas encore : Le Congo...

« C'est juste après avoir achevé l'enregistrement de son prochain disque que "Clo-Clo", laissant une dernière fois Isabelle et Coco à des milliers de kilomètres de lui, partit profiter de ses derniers jours de répit. Après être resté deux jours dans le plus luxueux hôtel de Brazzaville, "Clo-Clo" voulut y vivre en aventurier. Avec quelques amis français, il partit donc à l'intérieur du pays pour visiter les villes du bord du fleuve. Là-bas aussi, il rencontra des admiratrices ! Les journées n'avaient pas d'heures mais pourtant il sentait le temps qui le séparait de son premier gala de retour se rétrécir de jour en jour. Quand il ne parlait pas de métier, il pensait au métier. »

Et le 15 juin, la foule l'acclame de nouveau, comme elle croyait ne plus jamais le faire après les pseudo-adieux de Bruxelles.

Le grand tube de Claude en cette année 1974 est « Le Téléphone pleure » qu'il a enregistré avec Frédérique, la fille de sa collaboratrice Nicole Gruyer. Frédérique n'a que cinq ans, est très mignonne, « parle juste », et la chanson est un véritable raz de marée sur les ondes. C'est le plus grand tube de Claude depuis « Comme d'habitude ». Il vend plus d'un million et demi de disques en France, ouvre un livret de caisse d'Epargne à Frédérique afin qu'elle trouve à sa majorité, toutes les impressionnantes royalties de disques vendus.

Au mois de décembre suivant, Paris accueille Claude dans l'immense salle du Palais des Expositions à la Porte de Versailles. L'idole revient et ses fans sont toujours présents pour l'accueillir.

Le 16 décembre, *L'Aurore* relate cette soirée exceptionnelle, véritable événement dans la vie du show-business français :

« Dix, quinze, vingt mille personnes peut-être, nul ne sait encore exactement combien de fans sont venus hier applaudir Claude Francois. La seule chose qui soit certaine, c'est qu'aucun artiste ne s'était jusqu'alors produit à Paris devant autant de monde à la fois.

« Dès deux heures de l'après-midi, la foule se pressait au guichet du Palais des Expositions pour voir ou revoir celui qui, depuis plus de cinq ans, boudait Paris. (Avec le chapiteau, il avait seulement sillonné la banlieue mais n'était pas rentré dans la capitale.)

« Ce n'est pourtant pas son immense public parisien qui a fait revenir Claude François sur sa décision de ne plus chanter dans la capitale mais Lino Ventura, fondateur et animateur de l'association “Perce-Neige”, pour laquelle le créateur de la “chanson populaire” donnait son spectacle d'hier.

« Gala utile donc mais aussi agréable puisque, pour son retour à Paris, Claude François a présenté le plus grand show qu'il soit possible d'imaginer. Depuis longtemps on le savait fastueux. Hier, il fut grandiose, et qu'on aime ou qu'on n'aime pas le chanteur, il faut s'incliner devant l'homme de spectacle qu'il est.

« Pour balayer la salle gigantesque de sa voix, il a fait installer un mur de haut-parleurs de cent mètres de long, et sur scène il a doublé les effectifs de danseuses, choristes ou musiciens déjà nombreux habituellement.

« Arrivé en scène à 19 h 30, ce n'est qu'une heure et demie plus tard que les flons-flons électroniques ont pris fin après un lâcher de ballons et un feu d'artifice ponctué par les cris d'hystérie d'une foule en délire. »

Pour expliquer son triomphe sans précédent dans les variétés françaises, Claude déclare au *Journal du dimanche :*

« J'ai une voix de masque qui porte. Même à l'Assemblée nationale, on m'entendrait sans micro. Et surtout, j'ai une voix personnelle qu'on ne peut pas confondre avec une autre. Au music-hall, en fin de compte, ce sont les voix qui ont un défaut ou qui sont excessives qui obtiennent du succès. Aussi je comprends très bien que ma voix plaise à certains et énervent les autres.

« Et puis, sur scène, j'ai un atout sérieux : je possède une double colonne d'air. Entendez par là que j'ai une colonne pour la voix et une autre pour la respiration pure, ce qui me permet de pouvoir à la fois chanter et danser sans être essoufflé...

« Sans être vaniteux, je peux dire que si j'ai du succès sur scène, j'en ai aussi dans la vie, peut-être plus que des garçons beaucoup plus beaux que moi. Quand on est artiste, il y a une chose obligatoire : croire en soi. Si vous entrez en scène en vous disant : "je suis moche", etc., le public le sent tout de suite et c'est foutu. Alors, avant de paraître en public, même si je ne me considère pas comme l'idéal masculin, je me répète : "T'es le plus mignon, t'es le plus formidable". Et puis, si le public n'est pas d'accord, il faut quand même considérer que j'ai, pour le séduire, d'autres atouts : mes chansons et le spectacle que je présente. Car j'ai la prétention, après dix-huit ans de carrière comme musicien et onze ans en tant que chanteur, d'être un véritable professionnel. »

C'est parce que Claude a toujours craint les critiques qu'il s'est rarement produit à Paris. Cette fois, toutes sont excellentes, et cette fin d'année 1974 lui apporte la consécration...

Puis 1975 arrive et les ennuis reprennent. Déjà, le 26 janvier 1974, Claude a été condamné par le tribunal de commerce de Roanne (Loire), à payer trois mille sept cent huit francs dix-huit pour avoir démoli l'intérieur d'une caravane-loge à coups de bouteille, en décembre 1972. Un petit incident sans grande importance.

Par contre, le 17 avril 1975, Claude François est condamné à mille francs d'amende pour chèque sans provision. Tout cela à cause d'une erreur de l'ordinateur de sa banque qui avait « oublié » un versement de Claude quelques jours avant l'émission de ces chèques. *L'Express* du 9 avril, c'est-à-dire une semaine avant le jugement écrivait :

« En inculpant le chanteur Claude François, le fisc frappe haut et fort. Mais frappe-t-il juste ? »

Au mois de juillet suivant, rappelons-le, Claude est condamné à huit mois de prison avec sursis, vingt-cinq mille francs d'amende et cinq millions de remboursement au fisc pour fraude fiscale. *L'Aurore* écrit à ce sujet :

« ... On peut se demander si le jugement prononcé n'aura pas l'effet d'un cautère sur une jambe de bois. La peine de prison sera amnistiée. Quant à l'amende, sans doute une forte somme pour le commun des mortels, mais n'est-elle pas une goutte d'eau dans la mer des revenus de "Clo-Clo" ? Certes, il devra payer l'arriéré d'impôts (compte tenu des remboursements qu'il a effectués depuis le début des poursuites en 1972, il ne doit plus que cinq cent mille francs à son percepteur) et les pénalités administratives. En outre, le jugement devra être publié au *Journal officiel* et dans deux grands quotidiens parisiens. On ignore la position de Claude François sur ces insertions obligatoires puisqu'il n'est pas venu s'entendre condamner. Mais on peut lui prêter assez d'humour pour en rire ! »

Au micro d'une radio périphérique, Claude déclare à son tour :

« J'ai eu tort, j'aurais dû payer mes impôts comme tout le monde. J'en suis tellement conscient que je viens de verser au fisc les cinq cent millions de centimes que je lui devais. Quant à l'amende, elle ne me fait pas plaisir, c'est évident, mais je la paierai.

« Ce que je ne comprends pas, c'est la peine de prison. Les huit mois avec sursis. Je trouve ça vraiment très dur et excessif. J'ai été condamné à une peine beaucoup plus grande que celle qui avait été demandée par le substitut. J'estime que je ne méritais pas ces huit mois de prison avec sursis. Je trouve que c'est injuste et je suis extrêmement peiné ! Cela signifie que pendant cinq ans, je ne dois plus avoir le moindre petit pépin avec la loi. Sinon, je suis bon pour me retrouver derrière des barreaux ! »

On constate que Claude ne rejette la faute sur personne, ne se cherche pas d'excuses, ne parle même pas du comptable auquel Lucie François faisait allusion.

Mais laissons là cette affaire d'argent finalement sans grand intérêt, sinon pour le fisc.

Pour le public, l'année 1975 est marquée, à propos de Claude, par la révélation de l'existence de son deuxième fils, Marc. Depuis sa naissance Claude n'avait jamais parlé de lui et avait si bien tenu le secret que c'est seulement le 23 juillet 1975 que *France-Soir* obtient l'autorisation de publier une photo de Claude entouré de ses deux enfants. Le monde du show-business est stupéfait et la France entière sidérée, personne ne comprenant comment, en ces années 70, il est possible à une star telle que Claude François de cacher un « élément » aussi important de sa vie privée.

Cinq jours plus tard, *France-Dimanche* explique comment et pourquoi Claude a réussi à cacher pendant aussi longtemps que Coco avait un frère :

« ... Personne, en effet, en dehors de quelques intimes, ne connaissait l'existence de Marc. Pourtant, au « Moulin », la propriété de Claude, il y avait souvent des amis. Mais il était facile de cacher le petit garçon car la maison était très grande. Isabelle promenait ses deux fils dans l'immense parc en toute tranquillité, protégée par trois bergers écossais, des colleys, que Claude avait fait dresser spécialement pour aboyer dès qu'ils sentaient un danger.

« Ne croyez surtout pas que Marc était malheureux. Il avait son domaine, une immense salle de jeux et les plus beaux jouets du monde pour s'amuser. De plus, son père le comblait de cadeaux. Chaque année, Coco fêtait son anniversaire devant une foule de photographes et de fans tandis que Marc, lui, soufflait ses bougies seul avec papa et maman. Claude et Isabelle avaient voulu cette situation pour le bonheur de leur fils, mais ils étaient parfois bien embarrassés. Lorsque Isabelle se rendait à Paris, elle n'emmenait qu'un de ses enfants à la fois. Chacun leur tour (ils se ressemblent tant que Marc pouvait passer pour Coco et vice-versa).

Et puis, le 8 juillet 1975, il s'est passé une chose si bouleversante que Claude et Isabelle ont pris la décision de révéler au monde entier l'existence de leur deuxième enfant. Claude François était venu à Théoule pour l'anniversaire de Coco qui venait d'avoir sept ans. Marc, comme d'habitude ne quittait pas son père et était assis sur ses genoux. Brusquement, Marc, d'une toute petite voix pathétique et résignée, s'est écrié : "Dis papa, moi je ne suis pas ton fils ?" Et il a ajouté : "Papa, ça ne va plus !"

« Aussitôt, Claude a pris l'enfant dans ses bras, l'a serré très fort contre lui et a plaqué sur ses joues deux gros baisers sonores. Sa décision a été aussitôt prise... Il avait voulu protéger Marc pour son bonheur, mais au fond, peut-être s'était-il trompé. Il comprit alors qu'il était temps de révéler à tout le monde que Marc était son fils... »

Une manière mélodramatique de raconter les choses. Claude avait seulement jugé qu'il était inutile désormais de poursuivre ce mystère. Et puis, il avait une autre raison beaucoup plus terre-à-terre : il venait d'enregistrer une chanson qui commençait par ces mots : « Mon secret sur terre c'est... toi et moi contre le monde entier. »

Fin juin, il commence une nouvelle tournée d'été toujours aussi triomphale que les précédentes. Le 19 juillet, dans le Midi, un incident grave se produit à la fin de son spectacle. La soirée avait pourtant bien commencé...

« Claude avait fait chanter des agents de police, embrassé des enfants, donné des boutons de manchettes à un fan qui lui réclamait aussi sa gourmette et lancé sa veste à ses fans. Tandis que sur scène crépitaient des feux de Bengale, des feux d'artifice éclataient dans le ciel sous une débauche de ballons multicolores.

« Tout se gâta lorsqu'une jeune fille monta sur le plancher pour embrasser Claude François. Sans doute très émue, elle rata son coup et mordit la vedette à la joue gauche. Puis elle s'évanouit. Profitant du tumulte, un commando de casseurs entreprit de démolir la sono et les fauteuils. On jeta des bouteilles vides. Une jeune spectatrice fut blessée. Les gardes du corps de "Clo-Clo" durent faire le coup de poing pour refouler les envahisseurs. La bagarre se poursuivit à l'extérieur du jardin, obligeant les C.R.S. à charger avec des grenades lacrymogènes... » (*Journal du dimanche,* du 21 juillet 1975.)

Comme on le voit, le scénario des bagarres survenant pendant ou à la fin des spectacles de Claude est toujours au peu près le même.

Il arrive parfois que les fans se transforment aussi en protecteurs de Claude. Dans le Gard, alors qu'il entonne sa dernière chanson, d'autres voyous surgissent des quatre coins de la salle et le bombardent de tomates. Ils n'ont pourtant pas le temps d'épuiser leurs « munitions » car aussitôt une bonne vingtaines de filles leur tombent dessus hurlant de colère, certaines ayant leurs chaussures à la main, d'autres simplement leur sac ou... leurs ongles en avant. En quelques minutes, ce sont elles qui chassent les voyous et rétablissent l'ordre sans que la police n'ait le temps d'intervenir. Claude peut terminer sa chanson en paix sous les acclamations générales.

A Grau-du-Roi, une jeune fille de dix-neuf ans, Emmanuelle, se précipite sur scène dans les bras de Claude. Rien d'étonnant à cela si ce n'est qu'Emmanuelle est totalement nue. En faisant ce geste elle n'a sans doute qu'un but : se faire admirer par son idole. Peu importe que trois mille autres personnes l'admirent par la même occasion...

Et puis le 30 juillet, une fabuleuse fête aux Tuileries attire tout Paris. *France-Soir* raconte cette soirée en ces termes :

« ... Dans des conditions difficiles, Claude François a réussi le miracle de réchauffer l'atmosphère avec son show au grand complet, musiciens toutes trompettes dehors, Clodettes tous charmes dehors. Il faut dire aussi que l'enthousiasme des fans de "Clo-Clo" ne saurait être refroidi par l'eau glauque d'un bassin : trempées mais aussi frissonnantes d'espoir, une vingtaine de jeunes filles éperdues ont franchi l'élément liquide qui les séparait de leur idole.

« Il continue dès mercredi sa tournée d'été, mais il a déjà éprouvé à Genève un délire que l'on ne pouvait supposer d'un public suisse réputé calme : une admiratrice lui a arraché la lèvre d'un baiser sauvage. Malgré ce handicap, malgré les suites d'une mauvaise grippe, il a toutefois tenu à se maintenir à la hauteur de sa légende face aux dix mille spectateurs massés dans les jardins des Tuileries.

« Il chante "Je suis le mal-aimé" mais Claude François est toujours le bien-aimé. »

Tous ces débordements, Claude y est maintenant habitué et ne s'en formalise plus. Il se fait protéger par la police mais finalement plutôt moins que beaucoup d'autres chanteurs. La seule chose qu'il déplore parmi cet enthousiasme au-delà du raisonnable, c'est l'inconscience de certaines filles qui, par amour, n'hésitent pas à tenter de se suicider... et y parviennent malheureusement parfois. On peut ainsi lire dans *France-Soir :*

« Vague de tentatives de suicide autour de Claude François : en l'espace de quelques jours, une secrétaire, une employée et deux fans ont tenté de se donner la mort parce qu'elles ne supportaient pas l'idée d'être éloignées de leur patron ou de leur idole. Toutes les quatre ont été sauvées. C'est présentement Claude François le plus atteint. »

Sous le titre « Jusqu'où peut aller l'amour d'une idole », *France-Dimanche,* quelques jours plus tard, raconte le suicide de l'une de ses fans sous les yeux mêmes de Claude :

« Il venait de participer à l'émission de R.T.L. non stop de Philippe Bouvard quand le drame s'est produit. Personne ne remarqua tout d'abord le désespoir de l'une de ses admiratrices. Comme les autres, elle était revenue dix fois à la charge pour qu'on la laisse entrer. Puis elle avait quitté les abords du studio. On crut qu'elle avait renoncé.

« Elle était très pâle quand elle revint prendre sa faction devant la porte du studio, un quart d'heure avant la fin de l'émission. Elle avait cessé de gémir et d'appeler. Mais elle fermait les yeux comme si elle allait s'évanouir. Claude François sortit en trombe, fendant la foule de ses admiratrices. Il ne vit pas les gestes convulsifs que faisait le jeune fille pâle. Elle se tailladait les poignets sans quitter des yeux son idole !

« Puis elle le suivit jusqu'à la Chevrolet bleu marine où il s'engouffra. Elle s'approcha de la portière. Le chauffeur démarra mais la jeune fille très pâle dont le sang coulait maintenant sur la carrosserie ne lâchait pas prise, comme les autres admiratrices. Elle se laissait traîner follement. Enfin le chanteur comprit et hurla à son chauffeur : "Arrêtez !". »

La fille fut sauvée, est-il besoin de le préciser ?...

L'une des plus fidèles admiratrices de Claude François, Myriam, a publié en 1978 un livre de souvenirs dans lequel elle révèle jusqu'à quelles extrémités l'amour d'une idole peut conduire une jeune fille de quinze ou dix-huit ans.

Elle avoue d'ailleurs s'être elle-même jetée trois fois sous les roues de la voiture de Claude !

« C'est fantastique d'être aimé à ce point, déclare Claude. Mais c'est une folie de vouloir mourir. Car n'oubliez pas : la vie ne vaut rien, mais rien ne vaut la vie ! »

Une vie que Claude va manquer de perdre quelques semaines plus tard.

Au mois de septembre 1975, Claude se rend à Londres pour enregistrer dans la capitale britannique, la version anglaise du « Téléphone pleure ».

Il descend à l'hôtel Hilton où il va rester trois jours. Le dernier jour, alors qu'il quitte sa chambre pour descendre à la réception, parfaitement décontracté, parmi la foule des Londoniens, une bombe explose à quelques mètres de lui, déposée par des terroristes.

C'est de nouveau un véritable miracle si Claude échappe à la mort. Il a, malgré tout, les tympans perforés et doit annuler tous ses galas des semaines à venir :

« Je ne sais pas encore si je pourrai rechanter normalement. Pour l'instant, je n'entends rien de l'oreille gauche et j'ai très mal à la droite. Mais c'est déjà un vrai miracle si je suis en vie.

« J'étais descendu au Hilton et je me préparais à partir au studio. J'ai été retardé une heure dans ma chambre par une panne d'électricité. Sinon, j'aurais dû être parti depuis longtemps. Quand je suis descendu à midi et demi, il y avait un monde fou dans le hall. Beaucoup de touristes, car c'était l'heure du déjeuner, le personnel dont c'était la relève et des policiers, au moins une vingtaine. J'ai cru qu'il y avait eu une bagarre.

« Je n'ai su que plus tard que les agents étaient censés rechercher une bombe car ils avaient été alertés. Le moins qu'on puisse dire, c'est qu'ils ne s'activaient pas trop. D'ailleurs, d'après une amie qui m'attendait dans le hall, ils étaient là depuis une demi-heure. Ils auraient eu tout le temps de faire évacuer l'hôtel s'ils l'avaient voulu, mais visiblement, ils n'avaient pas pris la menace au sérieux.

« Je me suis arrêté quelques secondes devant la porte de l'ascenseur pour attendre mon secrétaire, le régisseur et un photographe. Je parlais avec une amie.

Derrière elle, juste en face de moi, j'ai aperçu un instant une jeune femme brune qui stationnait devant une table de marbre.

« Puis, ce fut l'explosion. Un premier coup d'abord, très violent, qui m'a soulevé de terre et projeté sur la gauche, puis un deuxième coup, moins fort, qui m'a ramené sur la droite.

« J'ai pensé aussitôt à l'attentat du drugstore à Paris. J'ai cru que j'étais mort. J'avais le corps criblé de poudre et le visage recouvert de chair et de sang. Mais ce n'était pas le mien. La jeune femme brune que j'avais remarquée était à mes pieds, déchiquetée, les membres disloqués, tuée sur le coup. C'était une Libanaise je crois. C'est elle qui m'a sauvé la vie. Elle a fait écran juste entre moi et la bombe cachée sous la table où elle était appuyée.

« D'autres personnes qui étaient beaucoup plus loin que moi de la bombe se trouvaient par terre, grièvement blessées, un bras ou une jambe arrachés. Juste avant l'explosion, j'avais appelé mon secrétaire, Jean-Jacques, qui se trouvait à une vingtaine de mètres. Pour accourir vers moi, il a bousculé un homme sans faire attention. Au même moment, celui-ci a pris dans la tête un éclat de la bombe à la place de mon secrétaire. Il est mort à la place de mon ami, la boîte crânienne sectionnée.

« A côté de moi, il y avait un homme à terre, une jambe en moins. Il ne s'en était même pas rendu compte. Sous le choc, il criait seulement : "Où est ma chaussure, j'ai perdu ma chaussure !"...

« C'était affreux, partout autour de moi, des jambes, des bras, des morceaux de chair, du sang. Et puis cette fumée noire, dans la pénombre. Tout à coup, je me suis senti sourd, aveugle, et la tête comme un ballon de ciment. Je suis tombé, inanimé.

« J'ai à peine entr'aperçu un énorme type, un Anglais qui m'a tiré jusqu'à l'extérieur en me criant : "Dépêche-toi, ça peut encore sauter !" et puis j'ai attendu dehors, sur le trottoir, vingt minutes, avec mes amis, tous légèrement atteints, qu'une ambulance vienne nous chercher. Nous étions peut-être les plus près de la bombe mais aussi curieusement sans doute les moins touchés. Il fallait d'abord évacuer les autres blessés. Puis on m'a emmené à l'hôpital. J'étais totalement sourd. »

A son retour à Paris, Claude subit une opération à l'oreille mais heureusement, son excellente condition physique lui permet une fois de plus de supporter cette terrible épreuve.

Dans les mois qui suivent, Claude redonne quelques galas en province, retrouve ses bureaux du boulevard Exelmans, ses occupations habituelles.

Artiste-Soleil, le règne de Claude François dure depuis douze ans déjà et ne semble pas prêt de s'éteindre, si aucune autre catastrophe ne survient dans son existence.

Aujourd'hui, en 1976, Claude attaque sa treizième année de gloire. Il est l'une des valeurs les plus sûres du show-business français et le restera très longtemps encore. Aussi longtemps que le public appréciera les bonnes mélodies, le rythme, la lumière et la danse. C'est-à-dire toujours...

Si Dieu le veut...

UN JARDIN DANS MON CŒUR

Au début de l'année 1976, Claude François est maintenant l'homme d'affaires le plus riche et le plus sérieux du show-business.

En quinze ans de carrière, il a vendu à peu près cinquante millions de disques et s'est produit sur scène dans cent cinquante galas par an en moyenne, pour un cachet quotidien de quarante mille francs. En tant que P.-D.G., il fait travailler soixante-dix personnes dans son hôtel particulier du boulevard Exelmans, plus cinquante autres hommes et femmes qui le suivent dans ses tournées, musiciens compris. Il dirige trois sociétés, « Flèche », « Créations artistiques » et « Isabelle musique », cette dernière étant spécialisée dans l'édition musicale et dirigée par Nicole Damy. Il possède deux mensuels : *Podium* et *Absolu,* une agence de mannequins, « Girls models », qui emploie douze filles.

Pour son plaisir, il possède également une Mercédès 450 SL, un yacht de quinze mètres, sans parler de sa propriété de Dannemois et de son appartement. Il a aussi un avion qu'il loue à l'année...

Désormais, les Clodettes font totalement partie du groupe, sont à la fois des employées supplémentaires mais aussi des artistes à part entière qui enregistrent chez Flèche.

Claude est un P.-D.G. très sérieux qui travaille sans cesse et exige la même chose de ses employés, comme on l'a déjà dit maintes fois. Pourtant, personne ne s'en plaint car chacun sait y trouver son intérêt. Si Claude reste numéro un au box-office, tous en bénéficient. Si les émissions de télévision, les ventes de disques, les diverses manifestations marchent, tout le monde en recueille les fruits. Mais pour cela, il faut un travail et une organisation impeccable de chaque instant.

Quelques mois plus tôt, le 2 août 1975, *Paris-Match* a publié l'article suivant :

« Quand il a fini de chanter "Ça s'en va et ça revient, c'est fait de tout petits riens", Claude François fait ses comptes. Il est l'un des trois premiers chanteurs français... Ses magazines tirent à eux deux à plus de six cent mille exemplaires... Son agence de mannequins marche bien... Son train de vie prouve la véracité de cela... »

Au *Journal du dimanche,* Claude explique comment et pourquoi il s'est lancé dans les affaires quelques années plus tôt. L'article paraît le 31 juillet 1977 :

« ... Simplement, en 1965, je me suis rendu compte qu'il fallait être financièrement indépendant. Je voulais faire comme Nat King Cole qui possédait des puits de pétrole, ou comme Sinatra qui sort un disque quand il estime qu'il est prêt.

Au début, bien sûr, j'étais un imbécile absolu dans ce domaine. Vous savez, on pense à la décoration du bureau et on oublie le chiffre d'affaires ! Mais je m'y suis fait, tout en restant plus créatif que gestionnaire. »

A props de ces Clodettes, Claude précise :

« Elles sont parfaites. Je les choisis au moins autant pour la perfection de leurs cuisses que pour la solidité de leurs cordes vocales. Mais sans excès. Je les veux candidement sexy. Depuis neuf ans qu'elles m'entourent si gracieusement sur scène, on a toujours tenté de les imiter et l'on n'a jamais réussi. Parce que là aussi, j'ai appliqué des principes rigoureux. L'art du bouquet japonais. Un mélange subtil et mystérieux de personnalité, de couleurs et de morphologie.

« Sans être un tyran – et je ne le suis pas – je pense que les danseuses doivent se résigner à tirer un trait sur leur vie sentimentale. Dans leur contrat, il est d'ailleurs bien spécifié qu'elles n'ont pas le droit de se marier. »

Ce qui explique ses crises de jalousie envers les Clodettes lorsque l'une d'elles osait flirter avec un musicien ou un technicien.

Depuis la création du groupe, Claude a changé plusieurs fois ses Clodettes. De quatre, elles sont passées à cinq. En décembre 1976, par exemple, elles se nomment Julie, Adrienne, Sandra, Priska et Juliette. Elles ont tellement de talent que Claude les a fait devenir vedettes à part entière et leur a permis d'enregistrer leur premier 45 tours un peu plus tôt. Il faut jouer que, pour elles, Claude ne ménage ni ses efforts ni son argent. Il est même allé jusqu'à leur faire confectionner des postiches par le coiffeur François Solvento, à cinq cent mille anciens francs pièce : les cheveux étaient trempés dans des bains d'or !

Comme leur « patron », les Clodettes connaissent aussi parfois quelques mésaventures avec les fans. C'est le cas le 17 juillet 1977, à Andorre. *L'Aurore* raconte l'anecdote dans son numéro daté du 19 juillet, sous le titre : « Les Clodettes n'ont plus rien à se mettre. »

« Elles n'avaient déjà pas beaucoup de choses sur elles, les Clodettes, lorsqu'elles entouraient Claude François dans son tour de chant. Mais elles avaient quand même – c'est presque inimaginable – pas moins de soixante costumes de scène. Qui l'eut cru ?

« Depuis hier, en tout cas, elles n'ont plus rien à se mettre. Plus rien du tout. Des voleurs ont tout enlevé l'autre jour aux arènes d'Andorre-la-Vieille, où le chanteur donnait un récital Ils ont même emporté quelques costumes de Claude et du matériel de maquillage, en se servant directement dans les camions à la fin du spectacle. Butin : deux cent mille francs.

« Si de tels incidents devaient se reproduire, peut-être aurions-nous la plaisir de contempler un jour sur scène ces cinq jolies filles en tenue... d'Eve ! »

Quoiqu'il en soit, Claude a réussi sa vie professionnelle au-delà de toute espérance. Sa vie privée, malgré la présence de Coco et de Marc, continue cependant d'être très mouvementée et de faire la une de nombreux magazines.

Juillet 1976. Claude revient en Boeing de New York.

Il s'intéresse de plus en plus aux Etats-Unis car, bien qu'étant l'un des rares Français à avoir imposé une de ses chansons, « Comme d'habitude », aux Américains, cela ne lui suffit pas et il rêve de nouveau aujourd'hui de conquérir ce grand pays. Il se souvient du jour où Walter Haffu lui avait fait cette intéressante proposition qu'il avait alors refusée... Avant de prendre l'avion, ce jour-là, il déclare :

« Je considèrerai que j'aurai réussi le jour où je serai numéro un aux U.S.A. »

Claude vole donc paisiblement en plein ciel, feuilletant différents papiers, quand son regard se pose sur un groupe de mannequins qui viennent en France pour y faire des photos de mode. Claude remarque particulièrement l'une des jeunes filles et s'arrange pour lier la conversation. Quelques minutes plus tard, il apprend qu'elle se nomme Kathalyn, qu'elle a vingt-deux ans, que ses idées et ses goûts correspondent exactement aux siens. A l'arrivée à l'aéroport, Claude donne rendez-vous à Kathalyn pour le lendemain et, deux jours plus tard, il l'engage comme mannequin-vedette de son agence.

Sept heures de conversation correpondant au trajet entre New York et Paris auront suffi à faire naître un nouveau grand amour. Désormais, Claude François et Kathalyn Jons ne se quittent plus, si sur le plan professionnel, ni sur le plan privé. La jeune fille s'installe bientôt dans le « Moulin » de Dannemois, bien décidée à rester le plus longtemps possible avec cet homme qu'elle aime très sincèrement.

Cette installation ne va pas sans problèmes, à en croire une certaine presse. Ainsi le 10 décembre 1976, *Ici-Paris* réserve sa une pour « Le ménage à trois de Claude François ». On peut lire, en sous-titres : « Par amour pour lui, Isabelle et Kathalyn sont devenues amies », « Ils vivent tous sous le même toit, avec les enfants », « Elles acceptent tout plutôt que de perdre "Clo-Clo". Avec Isabelle c'est la tendresse, avec Kathalyn, c'est l'amour fou. »

Au cours des semaines suivantes, Claude reconnaît officiellement sa passion pour la jeune fille. Pour prouver à tous qu'ils s'aiment très sincèrement, il lui fait même enregistrer avec lui son nouveau disque « C'est comme ça que l'on s'est aimé ». *France-Soir* écrit, le 22 juin 1977 :

« Claude François amoureux à la ville comme en chansons. "C'est comme ça que l'on s'est aimé", c'est un titre de chanson mais c'est aussi beaucoup plus. Car cette chanson que Claude François chante avec cette ravissante inconnue, c'est l'histoire de leur amour. Un duo, comme dans les chansons... » Suit un texte relatant la rencontre presque un an plus tôt de Claude et de Kathalyn puis l'article se termine par :

« Ils sont inséparables et on parle de mariage à Noël prochain. Comme dans une chanson qui finirait bien... »

La presse à scandale semble alors oublier ses amours tumultueuses avec Isabelle pour ne plus se consacrer qu'à celles avec Kathalyn. Autrement dit, pour les journaux, Isabelle n'existe plus dans la vie sentimentale de Claude. Ce qui n'empêche pas *France-Dimanche* de tirer un trait définitif sur ce nouvel amour au mois d'août 1977, sous le titre :

« Claude François abandonné par celle qu'il aime. »

« Sans prévenir Claude, Kathalyn a pris l'avion pour retourner chez ses parents aux Etats-Unis. Le drame a éclaté à cause d'une autre fille. Quand elle est arrivée au "Domaine des îles" où Claude chantait, elle a trouvé son fiancé dans la loge avec une fille sur les genoux qui lui massait la tête. Kathalyn n'a pas fait d'esclandre, n'a pas hurlé sa peine. Simplement, elle a refermé la porte de la caravane qui servait de loge à Claude et elle est partie pleurer seule dans son coin. "Pour moi, en France, la vie avec Claude était très difficile parce que je l'aimais très fort, mais je n'arrivais pas à le garder pour moi toute seule. Du jour où notre amour a éclaté au grand jour, j'ai commencé à recevoir des appels téléphoniques anonymes, des lettres désagréables de fans de Claude. D'autres m'arrêtaient dans la rue pour me dire qu'il me trompait. C'était vrai mais je ne voulais pas le croire... Je ne peux vous dire le nombre de fois où j'ai attendu Claude des nuits entières, en larmes, derrière la porte de notre appartement, sans savoir où il était. Aujourd'hui je n'en peux plus. J'ai trop souffert..."

« Depuis, Claude est inconsolable :

« "Je sais que toute ma vie je serai malheureux parce que je suis incorrigible. Je suis incapable d'être fidèle à une femme." »

Claude n'est plus le mal-aimé, il serait plutôt « le trop-aimé », ce qui, dans un certain sens, signifie la même chose.

En fait, Claude et Kathalyn continuent de s'aimer, ne se quittent pas mais filent le parfait amour dans le « Moulin » de Dannemois. Lucie François elle-même est très heureuse de cette nouvelle liaison et en explique les raisons.

« Claude avait rencontré en elle une fille gentille et reposante. Si elle le voyait énervé, elle prenait un livre et allait lire à côté. Elle le comprenait. Elle savait qu'il était épuisé par son travail.

« Avec Kathalyn, il n'avait pas un seul problème. C'est du moins ce que m'avouait mon fils... Il avait trouvé la femme idéale. Mais il n'a pas eu de chance : il ne l'aura connue qu'un an et demi. Elle était toujours à ses petits soins. Un exemple : Quand il prenait des bains de soleil, elle venait lui masser le dos avec de la crème car il avait parfois des douleurs dues à un accident d'auto. Cete fille avait toutes les finesses d'une fée, en plus de la beauté et de l'intelligence. »

L'accident de voiture auquel fait allusion Lucie François a lieu en ce même mois de juillet 1977. Une nouvelle fois, Claude manque de disparaître dans des conditions particulièrement tragiques. Il est en effet pris à parti par de véritables gangsters, alors qu'il rentre en Mercedes au « Moulin », avec des amis, par l'autoroute du Sud :

« Il devait être environ une heure du matin. Je rentrais chez moi après avoir dîné à Paris quand j'ai remarqué, dans le rétroviseur, une voiture qui se rapprochait à vive allure de la mienne, dans le flot de la circulation. Elle roulait pleins phares et la violence de la lumière m'éblouit un instant. Je m'aperçus vite que ce n'était pas pour me dépasser que cette voiture était lancée à si grande vitesse. J'accélérai afin de voir ce que ferait le conducteur. C'est à ce moment-là qu'une véritable poursuite a commencé. Un slalom qui a duré plus de quarante kilomètres !

« Je n'ai pas réalisé tout de suite si les occupants de cette voiture folle voulaient simplement s'amuser ou me faire peur. Un gymkhana automobile s'est engagé. Ils m'ont d'abord dépassé, puis se sont rabattus en faisant une queue de poisson. Je dis "ils" parce qu'ils étaient plusieurs, je les ai vus lorsqu'ils m'ont doublé. Je les ai dépassées à mon tour. Ils ont accéléré puis sont repassés devant moi une seconde fois. Ce petit jeu s'est répété à maintes reprises. Puis je les ai perdus de vue. Je commençais à respirer, mais pas pour longtemps... Car en prenant la bretelle de Teuly, qui conduit au « Moulin », je les ai retrouvés. Ils m'attendaient au sommet de la petite côte. Je les ai doublés mais ils m'ont vite rattrapé. Ils ont alors tiré les premières balles. J'ai cru que c'était des petits cailloux qui s'écrasaient sur la carrosserie mais, soudain, le pare-brise arrière a volé en éclats.

« Dans ma voiture, mes amis et moi avons tous compris qu'il s'agissait de balles. Lorsque, à l'entrée du village, le tir à repris, j'ai senti l'impact de ces balles. C'est un miracle que personne n'ai été touché car mes poursuivants se sont surtout acharnés sur les vitres de côté et le pare-brise.

« A aucun instant, ils n'ont visé les pneus ou le réservoir. Ils semblaient vraiment s'acharner sur l'habitacle, dans l'intention évidente de toucher un passager. Ce n'est qu'en m'engageant sur la petite côte qui mène au « Moulin » que la voiture de mes poursuivants a abandonné sa course meurtrière. Je l'ai vue repartir vers Milly-la-Forêt. C'était une CX 2000 de couleur vert pâle. Et j'ai "photographié" nettement un de mes agresseurs : un grand blond aux cheveux raides avec des moustaches... »

En arrivant chez lui, indemne, ainsi que ses passagers, Claude François a pu constater que la carrosserie de sa voiture portait les impacts de onze balles au moins et qu'un pneu était crevé. Il s'agissait de projectiles de 9 millimètres. Dans la poursuite, à cause de mouvements brusque, Claude s'était démis une vertèbre.

Le mercredi 6 juillet, un homme est arrêté par la police. Il s'appelle Pierre Dieudonné et Claude reconnaît en lui l'un des tireurs de la CX. D'ailleurs cet homme portait sur lui, lors de l'arrestation, une arme correspondant à l'un des deux revolvers utilisés par les tireurs, d'après l'expertise ballistique. Mais Dieudonné nie... Depuis, nous ignorons comment a évolué et s'est terminée cette affaire.

Quant à Claude, il préfère oublier, tous ces drames, tous ces ennuis, pour ne plus penser qu'à ceux qu'il aime, ses fils, sa mère, Kathalyn... et ses millions de fans.

LE DERNIER JOUR

Depuis la rentrée 76, Claude François étend de plus en plus sa carrière vers l'étranger. En attendant de conquérir les Etats-Unis, il veut être numéro un dans la plupart des pays d'Europe.

Pour la première fois de sa carrière, il est invité à être la vedette du plus grand music-hall londonien, le Royal Albert Hall. Le soir de la première, sa mère est dans la salle, ayant fait un effort tout à fait exceptionnel pour être présente puisqu'elle a accepté de prendre l'avion – son baptême de l'air, ayant toujours eu peur de ce moyen de locomotion !

« Claude a toujours souhaité ma présence dans la salle lors des "premières" importantes de sa carrière. Quand il me vit au Hilton Hôtel, il ne sut plus quoi faire pour me contenter et me remercier. Il ne croyait vraiment pas que j'allais monter dans un avion pour être auprès de lui ce soir-là. En m'embrassant, il me dit : "Maman va faire du shopping, achète-toi tout ce que tu veux jusqu'à l'heure du spectacle, je vais te faire accompagner." Comme il était content ! Il me confia : "Tu vois maman, je suis enfin heureux. Dans le "Moulin", nous sommes toujours unis, en famille, et ma carrière internationale s'annonce bien ! »

Je n'ai pas aimé entendre mon fils me dire : « Je suis enfin heureux. » Il y a chez nous un proverbe qui dit : « Il ne faut jamais dire : "Je suis heureux" car on a la mort derrière soi... »

Après Londres, Claude a beaucoup d'autres projets. Des télévisions en Allemagne avec Mireille Mathieu, d'autres en Italie, d'autres encore en Suisse et même quelques contrats pour l'Amérique.

Le 10 mars 1978, Claude se trouve à Leyzin, en Suisse justement, où il vient de passer deux jours pour enregistrer une émission de variétés, destinée à la télévision britannique. Une émission dont il est l'une des vedettes avec Sacha Distel et plusieurs chanteurs anglais.

Cet enregistrement dans le calme des montagnes suisses ressemble presque pour lui à des vacances. Pendant ces deux journées et demie, il vit dans une quiétude presque totale, hormis les quelques heures pendant lesquelles il chante pour la télévision.

Claude se sent particulièrement reposé et heureux au milieu de ces montagnes enneigées. Il est aussi satisfait d'avoir été demandé par la télévision anglaise, ceci marquant un premier pas vers sa conquête des Etats-Unis.

Cette évasion, Claude l'a faite seul, puisque Kathalyn est restée à Paris, dans l'appartement du boulevard Exelmans. Curieusement, il a l'impression de vivre dans un bonheur quasi total. Il ignore que le lendemain il sera mort.

Ses nouvelles chansons qu'il vient d'enregistrer pour la première fois en direct, il les trouve excellentes et il est persuadé qu'il tient là de nouveaux tubes. Il ne se trompe pas.

Dans l'avion qui le ramène à Paris, Claude discute avec ses collaborateurs. Il parle un peu métier, songe aux quelques jours de vacances qu'il a l'intention de prendre avec Kathalyn, probablement aux Canaries, et aux prochains week-ends qu'il va passer auprès de Coco et de Marc.

Ce vendredi soir, il est onze heures et demie quand l'avion se pose à Orly. Claude saute dans la voiture qui l'attend à l'aéroport et rentre directement se coucher chez lui. Il a besoin de dormir car, le lendemain, il doit se rendre au studio de télévision dans lequel l'attend son ami Michel Drucke pour l'enregistrement des « Rendez-vous du dimanche », dont il va être la vedette. Il doit retrouver Drucker à quinze heures trente, samedi. L'un de ses collaborateurs, Jean-Louis Loiseux, doit venir le chercher à son domicile à quinze heures pour le déposer au studio. Une journée chargée qui précédera un dimanche calme.

Cette nuit même, Lucie François, superstitieuse rappelons-le, fait un cauchemar qui va la hanter très longtemps :

« Je me rappelle qu'il faisait sombre. J'entrais dans la salle de bains de l'appartement de Claude et je trouvais mon fils tenant serré dans ses bras un enfant tout habillé qu'il était en train de noyer dans la baignoire. Je me précipitais vers lui en hurlant : "Arrête Claude ! Tu vas le tuer !"

« Mais Claude n'entendait rien et j'éprouvais un terrible sentiment d'impuissance. Soudain, je me rendis compte que nous n'étions pas seuls dans l'appartement et que de nombreux visages inconnus m'entouraient, qui surgissaient de partout. C'était terrifiant !

« Je fus tellement frappée par ce cauchemar que, dès le lendemain matin, je n'ai pu m'empêcher de le raconter à ma fille. Une fois de plus, elle ne crut pas à la signification de ce rêve terrible que je savais prémonitoire. Car ce n'était pas la première fois que je vivais ce genre de scène nocturne. Depuis toujours, lorsque je voyais en rêve l'un de mes enfants nu et bébé, il était inévitable que celui-ci tombait malade. Mais ce rêve-ci était beaucoup plus grave pour moi : un bébé habillé présageait un accident pour Claude ou Josette.

« Vous pouvez facilement comprendre dans quel état d'angoisse je me trouvais, bien avant de savoir qu'une fois encore, l'avenir allait donner raison à mes noires prémonitions de mère. »

Lucie François a passé cette nuit au « Moulin ».

A Paris, Claude se réveille frais et dispos après ses longues heures de repos. A midi, il déjeune avec Kathalyn et Marie-Thérèse de Haze, son attachée de presse. Comme il fait chaud, il décide d'aller faire une petite sieste en prenant un bain de soleil sur sa terrasse.

A quatorze heures quinze, il téléphone à sa mère, « Chouffa », pour lui dire qu'il arrivera le soir au « Moulin », vers vingt-deux heures. Il lui conseille entre-temps de profiter du soleil et de prendre, elle aussi, un bain de soleil. Mais Mme François a trop de travail, elle s'occupe en particulier de recevoir l'artisan appelé pour fabriquer trois marches au bord de la rivière, comme Claude le souhaite.

Il donne deux ou trois autres coups de téléphone puis s'allonge de nouveau en attendant l'heure de son rendez-vous. Effectivement, il fait très beau. En ce début mars, le soleil brille sur la capitale et la température est particulièrement clémente.

Un quart d'heure plus tard, vers quatorze heures quarante, avant de s'habiller, Claude se rend dans la salle de bains, laissant Kathalyn et Marie-Thérèse en grande conversation dans le salon. Il estime avoir devant lui dix minutes pour prendre son bain, un petit quart d'heure pour s'habiller, tout juste le temps nécessaire avant que Loiseux ne vienne le prendre. Il s'enferme dans la pièce, fait couler ledit bain...

Peu avant quinze heures, Kathalyn et son amie entendent un grand cri. Les deux femmes se précipitent vers la salle de bains, ouvrent la porte, découvrent Claude, blême, inconscient, gisant sur le carrelage. Kathalyn appelle immédiatement les pompiers et Police-Secours qui arrivent dans un très bref délai. Le service de réanimation pratique des massages cardiaques, la respiration artificielle, reprend espoir lorsque le cœur de Claude se remet à battre pendant un instant. Autour de lui, ses amis le croient sauvé. Mais une minute plus tard, le cœur s'arrête de nouveau, définitivement cette fois.

Après enquête de la police, il s'avère que Claude a voulu redresser une applique surmontant sa baignoire parce qu'elle était de travers. Hélas, il était encore tout mouillé de son bain et un mauvais contact dans l'applique l'avait électrocuté.

Une mort stupide due en partie au besoin de perfection que Claude exigeait de toute chose, tant dans son métier qu'autour de lui. Il n'avait pas supporté ce déplacement de quelques millimètres d'une applique électrique !

Une heure plus tard, lorsque la radio annonce la nouvelle, c'est d'abord l'incrédulité. On ne veut pas y croire, on ne peut pas admettre une aussi cruelle et aussi tragique information. Des milliers de fans fondent en larmes. Au cours des minutes puis des heures qui vont suivre, des dizaines, des centaines de personnes même vont se rendre boulevard Exelmans, en face de l'appartement où s'est déroulé le drame.

Dans le même temps, des gens de la région apprennent à Mme François la catastrophe presque incidemment. Elle a constaté qu'il y avait beaucoup de monde devant le « Moulin », plus que d'habitude. Le téléphone sonne souvent, le maître d'hôtel répond avant Lucie François mais semble ne pas comprendre ce qui se passe. On lui dit qu'on parle de Claude à la radio. Puis on lui annonce la vérité. Le maître d'hôtel n'ose pas être le premier à la révéler à Mme François. Il ajoute simplement, avant de s'éloigner :

« En "tout cas", si vous avez besoin de quelque chose, n'hésitez pas, je serai là ! »

Lucie le remercie, ne comprenant pas très bien le sens de cette phrase. Puis elle va dans son jardin, aperçoit le maire pas encore au courant du drame lui non plus. Par contre, une employée est en larmes. Quand Lucie l'interroge, elle répond simplement qu'elle est tombée et s'est fait mal.

C'est ensuite sœur Odile qui arrive à la maison. Puis un ami restaurateur qui téléphone. Tous savent mais aucun n'ose parler.

« Je commençais à trouver bizarre toutes ces personnes qui venaient me voir. Comme j'attendais mon fils, il me fallait préparer la maison pour le recevoir, je n'avais pas de temps à leur consacrer. Je me décidais à appeler ma fille qui était en retard.

« "Je viens te chercher", me dit Josette, "Claude a glissé dans la baignoire et s'est cogné la tête. Ne t'inquiète pas ce n'est pas grave. D'ailleurs les médecins sont sur place". »

Je commençais alors à vraiment me faire du souci. Et dehors, la foule de plus en plus épaisse, les gens qui continuaient de m'appeler au téléphone ! Quand le jardinier me présenta ses condoléances, avant de s'éloigner devant mon incompréhension, je composai aussitôt une nouvelle fois le numéro de ma fille, affolée. Josette essaya de me rassurer, répéta qu'elle venait me chercher et que je ne m'en fasse pas. J'attendais donc mais les heures ne passaient pas, le temps me semblait très long. A neuf heures, j'étais toujours là à attendre ma fille. Quand elle arriva enfin, elle n'osa pas entrer tout de suite. Il y avait en fait près d'une heure qu'elle était devant la porte à retenir ses larmes. Elle me dit que Claude était au plus mal et nous fîmes route ensemble. Pendant tout le voyage, Josette faisait des messes basses à son mari pour que je n'entende pas. A Paris, je compris que nous n'allions pas chez Claude mais chez ma fille. Là, un docteur me donna des calmants. Je les avalai après avoir affirmé ne pas en avoir besoin puis je sentis que je m'affaiblissais. Tout tournait autour de moi, je devenais inconsciente, comme dans un demi-sommeil. J'étais droguée...

« C'est Paul Lederman, son ancien impresario, que je n'avais pas vu depuis longtemps, qui allait m'apprendre la nouvelle un peu plus tard...

« Quand je suis arrivée chez mon fils, je ne pouvais presque pas approcher de la porte d'entrée tant il y avait de gens qui se pressaient devant l'immeuble. Des cars de police, feux clignotants allumés, une foule en larmes qui me regardait.

« Lorsque je me suis approchée du lit, je ne voulais pas encore croire à ce que je voyais. Ses mains étaient encore chaudes. Je lui parlais : "Tu me fais une farce, Claude..."

« Les gens me prenaient la main, me consolaient, mais je n'entendais plus personne. Je ne distinguais pas les syllabes, je ne les reconnaissais pas. Je rentrais dans une prostration totale... »

Mme François allait rester presque deux mois dans l'appartement de Claude, couchant à sa place, avec l'espoir qu'il viendrait la voir pendant ses rêves.

Durant toute la nuit, inlassablement, des jeunes et des moins jeunes vont rester sur le trottoir du boulevard Exelmans, n'attendant rien mais rendant ainsi une sorte d'hommage à leur idole. Certaines filles espèrent encore apprendre que Claude est toujours vivant. D'autres se roulent sur les trottoirs dans de véritables crises d'hystérie. Des dizaines de fans vont veiller devant la porte de l'immeuble, sans manger, sans boire, presque sans parler. Tous sont là d'un commun accord, sans qu'ils cherchent à savoir les raisons de leur présence. Sans doute ont-ils besoin d'être réunis entre eux, admirateurs inconditionnels de « Clo-Clo ».

Au cours de la nuit, une fille de dix-huit ans se jette dans la Seine du haut du pont de Garigliano, elle ne va être sauvée qu'*in extremis* par un passant.

A Bordeaux, à Lyon, à Lille, à Marseille, à Clermont-Ferrand, d'autres filles vont aussi tenter de mettre fin à leurs jours soit en se jetant par la fenêtre de leur appartement, soit en avalant des barbituriques, soit encore en se coupant les veines des poignets. Claude n'aurait pas aimé cette attitude extrême, lui qui déclarait souvent que le désespoir d'amour ne devait pas exister, que la vie était si belle !

Oui, Claude François affirmait sa joie de vivre.

Et, ce 11 mars 1978, à quatorze heures cinquante-cinq, il était mort.

Le mercredi 15 mars, à l'église d'Auteuil, des milliers et des milliers d'admirateurs viennent rendre un dernier hommage à Claude. Ils attendent depuis déjà des heures sous la pluie, lorsqu'un triste cortège quitte le domicile de leur idole, venant vers eux. Il est onze heures du matin...

Malgré cette foule immense et un service d'ordre important (la station de métro Michel-Ange-Auteuil a été fermée pour la circonstance) la cérémonie se déroule dans un recueillement total.

De nombreuses vedettes de la chanson sont présentes et les journalistes ne parviennent pas à les identifier toutes. On remarque par exemple, Gérard Lenorman, Sheila et Ringo, Dalida, Alain Chamfort, Guy Lux, Michel Drucker et des tas d'autres encore. Et puis les Clodettes, tous les employés de Claude, toute sa famille, des centaines d'admirateurs connus ou inconnus.

A l'intérieur comme à l'extérieur de l'église, on ne compte plus les évanouissements. Quant aux forces de police, elles arborent la fourragère, rendant ainsi les honneurs au passage du cercueil.

Après la cérémonie religieuse, vers midi, le convoi funèbre s'éloigne lentement de la place de l'église d'Auteuil. Derrière lui, s'alignent des dizaines de voitures dont les premières portent mille et mille fleurs. Même le Président de la République – qui s'est fait représenter aux obsèques par un membre du gouvernement – a envoyé une magnifique gerbe.

A midi et demie, la dépouille mortelle de Claude atteint le cimetière de Dannemois où le chanteur va être inhumé dans le caveau de famille auprès de son père.

En larmes, précédant la foule anonyme, sa maman, sa sœur Josette, Isabelle, Kathalyn, tous ses amis voient le cercueil disparaître dans le caveau.

Pendant des jours et des jours – des années même puisque, aujourd'hui encore, c'est toujours le cas – des milliers d'admirateurs vont défiler dans le cimetière de Dannemois, laissant sur la tombe un petit bouquet de fleurs ou une magnifique gerbe ou tout simplement une lettre d'amour ou d'adieu.

Dans les semaines qui suivent, le dernier disque enregistré par Claude, « Alexandrie, Alexandra », atteint la première place de tous les hit-parades, tandis que la télévision diffuse le seul enregistrement chanté et dansé de ce tube, ce même enregistrement fait à Leyzin la veille de sa mort.

Les imitateurs de Claude se multiplient, disparaissant aussi vite qu'ils apparaissent sur les scènes tant est grande la différence entre eux et l'idole disparue. Des livres-souvenirs sont publiés par quantité d'éditeurs. Certains « hommes d'affaires » profitent même de la situation pour faire fortune en créant de faux fans-clubs, en organisant de faux voyages en Egypte, à Ismaïlia, ou en offrant à des prix élevés de faux cadeaux-souvenirs.

Quant aux magazines de jeunes, il ne se passe pas un mois sans que chacun d'eux ne consacre une ou plusieurs pages à Claude François.

Comme pour chaque chanteur ou acteur mort prématurément (James Dean, Marilyn Monroe, Bruce Lee, Mike Brant, Elvis Presley), un véritable culte naît pour Claude. Depuis sept ans, les visites se sont succédées dans le petit cimetière de Dannemois et jamais, par un seul jour, le caveau dans lequel repose Claude n'est resté sans fleurs.

Le 11 mars 1979, pour le premier anniversaire de sa disparition, une grande cérémonie sa déroule d'ailleurs à Dannemois, organisé par le seul fan-club officiel : « Claude François for ever », au cours de laquelle est dévoilée une statue de Claude grandeur nature, en marbre rose. Un hommage que tous ses fans tenaient à lui rendre et pour lequel ils avaient bien volontiers apporté leur soutien financier. La veille, une messe avait été dite, en souvenir de Claude, à l'église de la Madeleine à Paris et dans diverses autres églises de province, de Suisse et de Belgique.

Mais que sont devenues toutes les créations de Claude, ainsi que tous ses proches ?

Lucie François déclare au printemps 1979 :

« Cela fait un an maintenant que mon fils est parti et je n'ai plus de goût à rien. Le vent a un silence épais qui m'étouffe et je n'attends plus rien de l'avenir. Si ! La mort pour le rejoindre. Depuis qu'il est parti, j'ai tout perdu... Le goût de sourire, le goût de vivre... »

Elle passe quelque temps encore au « Moulin » mais celui-ci étant devenu beaucoup trop grand pour elle, elle retourne bien vite dans son petit appartement du boulevard Exelmans, à quelques mètres de celui où Claude a trouvé la mort. Elle vit aujourd'hui toujours seule, n'ayant pour la soutenir que sa fille Josette, Stéphanie (la fille de celle-ci) et ses deux petits-fils Coco et Marc.

Dans un coin secret du Midi, une petite bourgade calme des Alpes-Maritimes, Isabelle en femme sage et pondérée, a organisé sa nouvelle existence dans une petite propriété. Elle a été « chargée de l'éducation » de Marc et de Coco » – ce qui est tout à fait normal puisqu'elle est leur mère – et bénéficie d'une certaine somme d'argent, chaque mois, pour élever ses deux fils, comme l'avait exigé Claude. Dans cette maison très agréable située derrière d'immenses cultures de lavande, Marc et Coco ont appris à vivre sans leur père. Un endroit silencieux qui semble tomber tout droit du paradis, entouré d'arbres, de buissons et de fleurs.

En 1979 et 1980, les deux enfants ont apprécié ce nouveau paysage de cette partie un peu déserte de la Provence. Les jours où ils n'ont pas d'école, ils partent des après-midis entiers découvrir la région tandis qu'Isabelle s'occupe de la maison, aidé d'une gardienne qui lui tient compagnie en même temps qu'elle l'aide pour les repas. Dans le magazine *Star,* à la fin de l'année 1978, on peut lire :

« ... Des enfants qui, parfois, parlent de leur père, en essayant de se souvenir des jours heureux. Alors leur maman donne toute sa tendresse, pour qu'ils s'aperçoivent le moins possible du vide laissé par le départ de celui qui était et qui restera leur idole et leur modèle. Depuis ce terrible 11 mars où Mme François attendait son fils au « Moulin », Marc et Coco ne sont pratiquement jamais retournés dans la résidence de Dannemois. Le manque de courage de retrouver cette grande maison les tenait éloignés car chaque meuble, chaque recoin et chaque pièce de la propriété leur rappelait un moment précis qu'ils avaient vécu avec Claude.

« Il pouvait leur sembler que leur père était encore présent, comme au temps où la maison vivait dans les éclats de rire que donnait parfois spontanément la vedette. Aujourd'hui, la peine profonde est toujours au creux de leur cœur et c'est pour cela que Marc, Coco et Isabelle ont décidé de vivre à l'écart de ce « temple au souvenir » qu'est devenu le "Moulin". »

Quelques mois après, au cours de l'année 1979, Coco déclare à Yvon Samuel de *France-Soir :* « Je serai chanteur comme papa ». De nouveau dans le magazine *Star,* on peut lire un petit article à ce sujet :

« En parfait homme d'action, Claude avait tout prévu, même de vivre après sa mort, par personne interposée ! En effet, il a tout mis en œuvre pour que ses fils poursuivent le chemin qu'il s'est frayé dans le monde du spectacle. Coco et Marc sont déjà tellement imprégnés de musique et de danse que l'aîné a déclaré récemment :

« "Je m'appelle Claude François et je vais chanter comme papa. Il est mort, mais tu sais, il nous a tout appris". »

Après le tragique événement, les deux enfants ont pris leurs cours de piano très au sérieux. Comme si, dorénavant, une lourde responsabilité pesait sur leurs épaules. Ils ont les mêmes traits que leur père, la même façon de parler et de marcher. Ils sont la copie conforme de ses attitudes. Comme si le destin s'était rangé de leur côté pour que la dernière et plus chère volonté de la star disparue soit accomplie...

En attendant les huit années qui séparent Claude Junior de sa majorité, Me Lafont assure la gérance de son empire et tous les amis de Claude poursuivent l'œuvre de leur patron. Donc, en attendant de prendre le relais Coco peut sans remords se consacrer au lycée, tout en se préparant à apparaître à la télévision, le micro à la main. Pour une émission, en hommage à leur père, Coco et Marc sont déjà installés au piano et ont joué ensemble devant des millions de téléspectateurs.

Ces deux enfants sont brusquement devenus des adultes. La grand-mère Lucie peut vieillir en paix : elle sait que ses petits-fils sauront s'occuper d'elle.

Le front têtu de Claude Junior reflète déjà cette volonté de vaincre, l'arme qui a permis à son père d'imposer son talent au public. Du haut de ses dix ans, il est une nouvelle star en puissance qui appartient déjà à la race des grands de par son nom.

N'oublions pas que Claude François, en parlant de ses fils, déclarait : « Tout ce que je fais, je le transpire pour eux. »

En 1985, les deux enfants sont devenus des adolescents et poursuivent leurs études. On ignore s'ils vont se lancer ou non dans le show-business. Ceux qui aimaient Claude le souhaitent et l'espèrent.

Après 1978, l'Eau Noire a continué de très bien se vendre, avant de décliner peu à peu.

Les magazines *Podium* et *Absolu* ont été plusieurs fois vendus puis rachetés par divers éditeurs. Le premier existe toujours, le second a été rebaptisé *Absous*.

Les disques Flèche, qui ont poursuivi leur existence boulevard Exelmans sous le contrôle d'un administrateur de biens, ont, depuis, été rachetés pour la majorité des parts par Claude Carrère devant ainsi « Flèche-Carrère ».

Quant aux Clodettes, après avoir tenté de poursuivre leur carrière en groupe comme Claude François leur en avait donné l'occasion en 1976, elles ont assez vite cessé leurs activités car sans lui, elles ont eu beaucoup de mal à redevenir les vedettes qu'elles étaient.

Enfin, il y a Kathalyn. Pendant un certain temps, elle s'est occupée de l'agence de mannequins, décidée à demeurer en France. Elle a continué d'habiter l'appartement du 46, boulevard Exelmans avant de le quitter et de recommencer une nouvelle existence. *Star* révèle, quelques mois après la mort de Claude :

« Depuis la disparition du chanteur, Kathalyn s'est enfermée dans l'appartement qui était celui du bonheur mais qui est devenu l'appartement du souvenir. Parce qu'elle ne peut plus assurer les charges, cet appartement est mis en vente et Kathalyn va devoir le quitter.

« Rien n'y a changé, tous les objets familiers de Claude sont restés à la place où il les avait laissés la dernière fois qu'il s'en est servi...

« Seule parmi les "choses de la maison" que Claude avait l'habitude de toucher, Kathalyn a vu ses nerfs brutalement craquer. Elle a compris qu'il était indispensable pour elle de partir. N'importe où mais partir. Elle a bouclé ses valises, est partie à Orly et est partie pour les Etats-Unis où elle est allée se détendre chez ses parents. Les premiers jours, tout allait pour le mieux. Elle était détendue, souriait même parfois. C'était l'été. Elle commençait à oublier ce long cauchemar qui durait depuis plus de quatre mois. Peu à peu, Kathalyn a pensé pouvoir revenir en France. Le soir où elle a entendu Sinatra interpréter « My Way » (Comme d'habitude), elle a pris sa décision ! »

Kathalyn est donc revenue et s'est occupée de Girls Models. Mais là aussi, sans Claude, l'agence n'a pas pu tenir très longtemps. Aujourd'hui, Kathalyn a disparu du monde artistique.

Le dernier gros problème pour l'entourage de Claude a été le « Moulin ». L'entretien de la propriété de Dannemois coûtait une fortune et aucun des différents héritiers ne pouvait subvenir, à lui seul, aux frais occasionnés par ce qui était le somptueux domicile de Claude François. Pourtant, d'un commun accord, ni Mme François, ni Isabelle, ni Kathalyn, ni surtout Marc et Coco n'acceptaient de se débarrasser de ce que Claude considérait comme le symbole de sa réussite. S'ils le vendaient, ils auraient l'impression de trahir sa mémoire ! C'est pourquoi pendant plusieurs années, ils ont décidé ensemble de le louer, de préférence à un ami de Claude.

Hélas, le prix de la location était obligatoirement très élevé puisqu'il devait permettre l'entretien du grand parc et surtout payer les lourds impôts locaux : vingt mille francs environ, et il y a sept ans de cela !

Richard Anthony a songé un instant à être ce locataire recherché mais a dû finalement renoncer. D'autres personnalités ont étudié la question mais ont elles aussi renoncé. Dix-huit mois après la disparition de Claude, on ignorait encore si le « Moulin » allait vraiment pouvoir être conservé par la famille, s'il allait trouver un locataire.

Les mois ont passé et tous les héritiers se sont trouvés dans l'impossibilité matérielle de conserver cette demeure. Profondément attristés, Mme François, Josette et les enfants, ont décidé de la mettre en vente. Mais là encore, le problème est resté entier : il était impossible de trouver un acquéreur voulant bien payer le prix de sa valeur, sans détruire ce que Claude avait construit, en étant à son tour capable d'en supporter les lourdes charges.

Finalement, ce n'est que longtemps plus tard que la famille de Claude a vendu le « Moulin » de Dannemois non pas à un, mais à deux acquéreurs différents, séparant donc ainsi la demeure en deux parties. Aujourd'hui, dans le petit village, le « Moulin » de Claude n'existe plus en soi. Il ne demeure que le caveau dans lequel le chanteur repose.

Néanmoins, Claude n'a pas dit adieu à ceux qu'il aimait mais simplement au revoir. Par ses disques, par sa voix, il est toujours présent. Sept ans après, ses chansons continuent de passer sur les ondes régulièrement, ses disques de se vendre, sa tombe d'être fleurie.

Pour qu'il revive plus encore patientons quelques années et sans doute verrons-nous un second Claude François au sommet des affiches et au fronton des music-halls, perpétuant à jamais son nom, un Claude Junior qui se lancera sur les traces de son père, deviendra chanteur et business-man, recréera tout ce que le temps a détruit.

CLAUDE FRANÇOIS AU CINÉMA

La plupart des stars de la chanson, ont un jour ou l'autre, au cours de leur carrière, accepté de tourner un ou plusieurs films. Citons par exemple, parmi les interprètes modernes, Julien Clerc, (*D'amour et d'eau fraîche*), Adamo (*L'Ardoise* et *Les Arnaud*), Sylvie Vartan (*Patate* et *Malpertuis*), Sheila (*Bang-bang*), Alain Souchon (*L'Eté meurtrier, Le Vol du sphinx*), Michel Sardou (*L'Eté de nos quinze ans*), et beaucoup d'autres encore, sans oublier, bien sûr, Johnny Hallyday, Jacques Brel, Jacques Dutronc, Serge Gainsbourg, Eddy Mitchell, etc.

Curieusement, malgré les très nombreuses propositions qui lui ont été faites, et ceci dès ses débuts dans le métier, Claude François n'a jamais accepté de devenir comédien. Il affirmait lui-même que son métier était la chanson et la scène, qu'il le faisait de son mieux, et qu'il ne voulait pas risquer de tout compromettre en s'essayant dans un domaine qu'il connaissait beaucoup moins bien.

Parfois, on avait pu l'entrevoir dans son propre personnage, durant quelques secondes. Mais jamais il n'était devenu un véritable acteur. Jamais jusqu'en 1976 où son ami Guy Lux réussit à le décider à tenir l'un des rôles de son long métrage baptisé *Drôles de zèbres*. Après le tournage de ce film, Claude se dit si satisfait (non pas par l'œuvre elle-même mais par le travail qu'il venait de découvrir) qu'il annonça d'autres tournages éventuels pour les années à venir. Le sort n'a pas voulu que d'autres occasions lui en soient données. *Drôles de zèbres* est donc le seul film dans lequel Claude joue un véritable rôle. On a pu le voir par contre dans un autre long métrage de montage d'interviews réalisé en 1979, c'est-à-dire un an après sa mort. Ce film s'appelle *Claude François, le film de sa vie*.

Par ailleurs, à ses débuts en 1962, avant même l'enregistrement de « Belles, belles, belles », Claude a signé la chorégraphie, pour les Chaussettes noires, du film de Michel Boisrond *Comment réussir en amour*. Nous vous présentons ces trois œuvres.

1962 : **COMMENT RÉUSSIR EN AMOUR**

Réalisateur : Michel Boisrond.

Fiche technique :

Scénario : Annette Wademant.
Directeur de la photographie : Robert Lefebvre.
Musique : Georges Garverentz.
Chorégraphie : Claude François.
Production : F.C.P. MANNIC, FRANCOS, P.C.M. CINEDIS.
Distribution : CINEDIS.
Durée ; 1 h 42. Noir et blanc.
Sortie à Paris : novembre 1962.

Fiche artistique :

Jean Poiret (Bernard Monod), Dany Saval (Sophie), Roger Pierre (Marcel), Jacquelin Maillan (la mère de Sophie), Les Chaussettes noires (eux-mêmes), Jacques Charron (le commissaire), Michel Serrault (l'éditeur).

Résumé du scénario :

Bernard Monod est un célibataire rangé qui travaille aux éditions Saint-Vincent-de-Paul, dans une atmosphère de sérieux que seul son ami et collaborateur Marcel vient troubler de temps en temps. A ses moments perdus – et ils sont nombreux – Marcel rédige un ouvrage assez éloigné du style de la maison et qui s'intitule *Comment réussir en amour*. Mais depuis que le timide Bernard a rencontré Sophie, il commence à s'intéresser au travail clandestin de son ami. Ses conseils le conduisent rapidement sur une voie tapageuse qui ne plaît pas au directeur des éditions Saint-Vincent-de-Paul. Le club des Saints-Pères que Bernard se met à fréquenter n'a rien à voir avec la liturgie. Il perd son emploi. Par contre, il apprend le twist ! Il prend peu à peu de l'assurance et épouse Sophie.

Bientôt, Bernard se trouve à la direction d'une importante maison d'éditions, d'une femme très fantaisiste et d'une belle-mère très encombrante. Sa réussite spectaculaire présente bien des inconvénients...

Les caprices de Sophie et les extravagances de sa mère sont pour lui un souci constant auquel tous les conseils des nouvelles « Editions du Soleil » – c'est le nom de la maison en question – ne peuvent plus répondre. La dernière incartade de Sophie la conduit un soir au commissariat de police où Bernard décide, en accord avec le commissaire, de la laisser jusqu'au lendemain matin ! Sophie trépignera mais la nuit lui portera conseil, un conseil très favorable à l'amour...

***

Michel Boisrond et ses principaux interprètes ont réussi là un film gai où les petits ennuis quotidiens sont ceux de tout le monde mais grossis pour apporter un côté vaudeville particulièrement réjouissant.

Claude François a signé la chorégraphie et plus particulièrement les danses de twist et de rock qui se déroulent à l'intérieur du Club des Saints-Pères et qui sont exécutés par les Chaussettes noires, par Jean Poiret et par Dany Saval. Claude était alors un danseur qui commençait à se faire un petit nom dans la profession et se produisait au cabaret « Caramel ».

1976 : **DRÔLES DE ZÈBRES**

Réalisateur : Guy Lux.

Fiche technique :

Scénario et dialogue : Guy Lux.
Directeur de la photographie : Georges Barsky.
Caméra : Christian Darot.
Ingénieur du son : Pierre Befve.
Musique : Jean-Pierre Doering.
Montage : Pierre Gillette.
Conseiller technique : Jean-Pierre Desagnat.
Producteurs délégués : Jean-Pierre Rawson et Anne-Marie Toursky.
Directeur de production : Walter Spohr.
Production : Alexia Films.
Distribution : A.M.L.F.
Durée : 1 h 35. En couleurs.
Sortie à Paris : 23 Mars 1977.

Fiche artistique :

Patrick Préjean (Patrick), Jean-Paul Troubout (Jean), Patrick Topaloff (l'ami), Sim (Napoléon Simfrid), Claude François (lui-même), Alice Sapritch (la grande dame), Corinne Lepoulain (la fille de Jardine), Raymond Bussières (Jardine) et Annette Poivre, Léon Zitrone, Petula Clark, Coluche, Pierre Olaf, Annie Cordy, André Pousse, Mario David et Jean-Paul Barkoff.

Résumé du scénario :

Jean et Patrick sont deux amis qui s'entendent très bien, surtout pour s'adonner à leur passion pour le jeu. Ils aiment, en effet, risquer le peu d'argent qu'ils possèdent sur des chevaux de course. Et bien sûr, ils perdent ! Ils sont même totalement désargentés lorsque Napoléon Simfrid leur fait une proposition alléchante. Napoléon demande aux deux garçons de créer suffisamment de désordre à l'hôtel Royal d'Evian pour que la clientèle fuie cet établissement et que Simfrid parvienne ainsi à l'acheter à bas prix.

Le but de cet homme astucieux n'est pas de devenir hôtelier : Simfrid sait que sous les caves de l'hôtel Royal se trouve un souterrain, creusé par les Gaulois qui rejoint les coffres des émirs, en Suisse.

Jardine, propriétaire de l'hôtel et passionné de courses, a mis au point un sérum qui décuple la vigueur des chevaux et devrait lui permettre de gagner le Grand Prix. Tandis que Jean et Patrick font connaissance avec quelques clients de l'hôtel, rencontrent en particulier Claude François qu'ils entraînent dans l'une des catastrophes préparées à l'intention de Jardine, ils comprennent peu à peu que leur « employeur » est une homme peu fréquentable et surtout très avare. Dans le même temps, ils font connaissance de la fille de Jardine, particulièrement sympathique et séduisante. Il n'en faut pas davantage pour que les deux garçons changent de camp. Devant cette trahison, Napoléon se fâche et décide de semer lui-même la perturbation dans l'hôtel.

Il sera, bien sûr, vaincu par Patrick et Jean, Jardine conservera son hôtel et sa fille tombera dans les bras des deux garçons !

*
**

Claude François, même s'il tient son propre rôle dans ce film, joue la comédie et a dû apprendre un texte qu'il a parfaitement interprété. D'ailleurs, si les critiques ont été catastrophiques et que le film n'a attiré que quelques milliers de spectateurs lors de son exclusivité, Claude est l'un des rares à ne pas avoir été éreinté. Ainsi, on peut lire dans *La Saison cinématographique 77 :*

« ... L'interprétation est tout aussi accablante. C'est le grand prix des ringards. Seuls Raymond Bussières, Annette Poivre et Claude François gardent quelque dignité dans ce maelström de cabotinage et de vulgarité. »

Il faut dire que pour un coup d'essai, Guy Lux est loin d'avoir réalisé un coup de maître. Son comique est très lourd, sa mise en scène fastidieuse, inintéressante, languissante. Rien n'est épargné aux spectateurs, ni les travestis arrogants, les émirs obsédés, les Suisses et les Belges stupides, ni les mangeuses d'hommes, les mots d'auteur (?) insipides, les plaisanteries faciles, les trucages périmés depuis Méliès et les gags les plus lourds et les moins drôles. Comme on lit là encore dans *La Saison cinématographique :*

« La réalisation, de plus, est de celles dont en aurait rougi un amateur peu doué des années 30. »

Tout ceci explique peut-être que malgré son enthousiasme, Claude François ait réfléchi sérieusement avant de donner son accord pour apparaître dans un second film...

1979 : **CLAUDE FRANÇOIS, LE FILM DE SA VIE**

Réalisateur : Samy Pavel.

Fiche technique :

Scénario : Samy Pavel, en accord avec la famille François.
Directeur de la photographie : Samy Pavel.
Musique : Chansons de Claude François.
Production : Elan Films (Bruxelles) et S.N.D. (Paris).
Distribution : S.N.D.
Durée : 1 h 30. En couleurs.
Sortie à Paris : 9 mai 1979.

Avec la participation de :

Mme François, Josette Etherner (sa sœur), Isabelle Forest (la mère de ses enfants), Coco et Marc François, Kathlyn, Michel Drucker, Charles Aznavour, Michel Sardou, Gérard Lenorman, Gilbert Bécaud, Demis Roussos... et Claude François filmé lors de diverses interviews ou émissions de télévision.

Résumé du film :

Il s'agit de l'évocation de la vie de Claude François, depuis sa naissance à Ismaïlia, en 1939, jusqu'à sa mort accidentelle en 1978.

Parallèlement à sa carrière de chanteur, nous découvrons un Claude François dans l'intimité, nous apprenons à mieux le connaître grâce à ses propres déclarations. Dans un ordre à peu près chronologique, la première partie du film nous permet d'entendre ses plus grands succès, tandis que la seconde partie mêle un peu dans le désordre d'autres chansons célèbres.

Le film se compose d'interviews de sa famille et de ses amis, mais aussi de nombreux documents connus ou inédits.

***

Claude François

Ce film de montage a été réalisé uniquement pour les fans de Claude et on a le sentiment que Samy Pavel a collé bout à bout tous les documents qui lui tombaient sous la main pour parvenir à une projection de quatre-vingt-dix minutes. On revoit des shows télévisés, souvent d'une qualité d'image peu satisfaisante, souvent aussi choisis parmi les moins intéressants.

Le film sortit à peu près en même temps qu'un livre écrit par Mme François sur son fils et un autre rédigé par Isabelle Forest, à peine plus d'un an après la disparition du chanteur. Il n'y a là aucune analyse, aucun effort artistique, à peine l'histoire de Claude est-elle racontée avec justesse et sérieux.

Ce film n'est resté que cinq semaines en exclusivité à Paris, n'attirant dans les salles que trente mille spectateurs environ.

REMERCIEMENTS

Christian DUREAU, Philippe BARBIER, Jacques MOREAU et les Editions PAC remercient Jean-Marie BORGA, André BERNARD, Daniel LE PLAY, Danielle LEQUERRE, Francis ESPOSITIO, Claire SCHRIVE et tout particulièrement Jean-Louis RANCUREL, pour son dévouement, sa gentillesse et sa fidélité exemplaire.

Crédits photographiques : Jean-Louis RANCUREL, Gérard HOUIN.

Disques PHONOGRAM, collection Philippe BARBIER et Jacques MOREAU.

DISCOGRAPHIE

La plupart des 45 tours enregistrés par Claude à ses débuts sont aujourd'hui épuisés, depuis de longues années déjà. Il est impossible de les trouver dans le commerce et l'on peut seulement se les procurer chez certains collectionneurs qui les vendent à des prix élevés.

Par contre, Philips a ressorti l'œuvre intégrale de Claude pour ses dix premières années de chanson, c'est-à-dire de 1962 à 1972, soit quatorze disques dans lesquels on peut retrouver tous les titres du chanteur pressés dans la période correspondante.

Pour les années suivantes, nous vous indiquons dans ces pages uniquement les albums 33 tours de compilations, les originaux étant introuvables la plupart du temps chez les disquaires.

CLAUDE FRANÇOIS
DIX ANS DE CHANSONS
(Philips)

DISQUE 1 (9199 753)

Face 1 (1962)

1. LE NABOUT TWIST
(Claude François)
2. NE T'EN FAIS PAS MON VIEUX
« A little bit of soap »
(B. Russell, A. Salvet et R. Anthony.)
3. ALI BABA TWIST
(B. Azzman, J. Stupin, F. Adison.)
4. UN CLAIR DE LUNE A MAUBEUGE
(P. Perrin et C. Blondy.)
5. BELLES ! BELLES ! BELLES !
« Girls, girls, girls »
(P. Everly, C. François et V. Buggy.)
6. MOI, JE PENSE ENCORE A TOI
« Breaking up is hard to do »
(N. Sedaka et O. Greenfield, G. Aber et A. Salvet.)
7. VENUS EN BLUE-JEANS
« Venus in blue-jeans »
(Greenfields, Sedaka, C. Carrère et G.Aber.)
8. HEY POTATOES
(B. Nash et C. François.)

1, 2, 3, 4, enregistré et sorti sous le nom de Koko.
1, 2, 3, 4, 5, 6, 7, 8, avec Christian Chevallier et son orchestre.

Face 2 (1963)

1. MOI JE VOUDRAIS BIEN ME MARIER
« Bachelor boy »
(R. Welch, C. François et G. Aber.)
2. DIS-LUI
« Tell him »
(B. Russell, A. Salvet et C. Carrère.)
3. LANGAGE D'AMOUR
« Ou-bi-dou-bi-dou, Language of love »
(J.D. Loudermilk, C. François et V. Buggy.)
4. MARCHE TOUT DROIT
« Walk right in »
(G. Cannon et H. Woods, C. François.)
5. PAUVRE PETITE FILLE RICHE
(H. Giraud, C. François, V. Buggy.)
6. SI TU VEUX ÊTRE HEUREUX
« If you wanna be happy »
(Guida et Reyster, C. François et V. Buggy.)
7. DES BISES DE MOI POUR TOI
« From me to you »
(McCartney et Lennon, C. François et V. Buggy.)
8. COMMENT FAIS-TU ?
« How do you do it »
(M. Murray, C. François et V. Buggy.)

1, 2, 3, 4, avec Jean Bouchety et son orchestre.
5, 6, 7, 8, avec Christian Chevallier et son orchestre.

DISQUE 2 (9199 754)

Face 1 (1963)

1. SI J'AVAIS UN MARTEAU
   « If i had a hammer »
   (L. Hays, Seeger, C. François et V. Buggy.)
2. JE VEUX RESTER SEUL AVEC TOI
   « I want to stay here »
   (G. Goffin, C. King, C. François.)
3. EN REVANT A NOËL
   « In summer »
   (V. Murtagh, R. Adams, E. Murtagh, C. François.)
4. MA PETITE AMIE EST DE RETOUR
   « My boyfriend's back »
   (R. Feldman, R. Gottehrer, G. Goldstein, C. François, V. Buggy.)
5. DE VILLE EN VILLE
   « Little loving »
   (A. Alquist, C. François.)
6. LAISSE-MOI TENIR TA MAIN
   « I want to hold your hand »
   (Lennon, Cartney, C. François.)
7. MAMAN CHÉRIE
   « 24 hours from tulsa »
   (H. David et B. Bacharach, C. François.)
8. J'Y PENSE ET PUIS J'OUBLIE
   « It comes and goes »
   (B. Anderson et C. François.)

1, 2, 4, 5, 6, 7, 8, avec Christian Chevallier et son orchestre.
3, avec Jacques Denjean et son orchestre.

Face 2 (1964)

1. LA FERME DU BONHEUR
   « Mockin'bird hill »
   (V. Horton, R. Rouzaud, V. Buggy.)
2. CHAQUE JOUR C'EST LA MÊME CHOSE
   « Every day i have to cry »
   (A. Alexander, C. François.)
3. DONNA DONNA
   « Le Petit Garçon »
   (S. Secunda, C. François.)
4. PETITE MÊCHE DE CHEVEUX
   (K. Chambers, sur un air du Folklore, C. François, V. Pallavicini.)
5. DIS-MOI QUAND ?
   « Tell me when »
   (G. Stephens, L. Reed, C. François.)
6. JE SAIS
   (G. Gustin, C. François et V. Buggy.)
7. LES CLOCHES SONNAIENT
   « When you walk in the room »
   (J. de Shannon, C. François.)
8. DU PAIN ET DU BEURRE
   « Bread and butter »
   (L. Parks et Turnbow, C. François.)

1, 2, 3, 4, 5, 6, 7, 8, avec Christian Chevalier et son orchestre.

DISQUE 3 (9199 755)

Face 1 (1965)

1. LES CHOSES DE LA MAISON
« The things in this house »
(B. Darin, C. François et V. Buggy.)
2. TOUT ÇA C'ETAIT HIER
« Spare a thought for me »
(Les Reed et B. Mason, C. François et V. Buggy.)
3. TERRY
(Twinkle, C. François et V. Buggy.)
4. ALORS SALUT !
« Yeh yeh »
(Grant, Patrick, Hendricks, C. François et V. Buggy.)
5. SOIS FIER
« Walk tall »
(D. Wayne, C. François et V. Buggy.)
6. SILHOUETTES
(F. Slay Jr. et B. Crewe, R. Rouzaud et V. Buggy.)
7. JE DEVRAIS DORMIR
« Teardrops fall like rain »
(J. Allison et G.D. Hardin et L. Thomas, C. François et V. Buggy.)

1, 2, 3, 4, 5, 6, 7, avec Christian Chevallier et son orchestre.

Face 2 (1965)

1. QUAND UN BATEAU PASSE
« Trains and boats and planes »
(H. David, B. Bacharach, C. François et V. Buggy.)
2. MÊME SI TU REVENAIS
(B. Kesslair, J. Chaumelle et C. François.)
3. JE T'AIME TROP, TOI
« I got you babe »
(S. Bono, V. Buggy et C. François.)
4. CE MONDE ABSURDE
« Eve of destruction »
(P.F. Sloan, C. François et V. Buggy.)
5. GEORGIE
Musique recueillie par Claude François
(C. François et V. Buggy.)
6. MAIS N'ESSAIE PAS DE ME MENTIR
« Make it esay on yourself »
(B. Bacharacj, H. David, C. François et V. Buggy.)
7. TOUT LE MONDE RIT D'UN CLOWN
« Everybody loves a clown »
(G. Lewis et T. Lesslie et L. Russell, C. François et V. Buggy.)
8. LE JOUET EXTRAORDINAIRE
« The marvelous toy »
(T. Paxton, C. François et V. Buggy.)

1, 3, 4, 5, 6, 7, 8, avec Christian Chevallier et son orchestre.
2, avec Les Reed et son orchestre.

DISQUE 4 (9199 756)

Face 1 (1966)

1. MAIS COMBIEN DE TEMPS
(C. François, C. François et V. Buggy.)
2. C'EST MOI... C'EST MOI
« Ring ring, I've got to sing »
(F. Grignard, C. François et V. Buggy.)
3. De l'émission télévisée Cendrillon
AU COIN DE MES RÊVES
(G. Garvarentz, F. Dorin.)
4. LES PETITES CHOSES
« A must to avoid »
(Sloan et S. Berry, C. François et V. Buggy.)
5. LE TEMPS DES PLEURS
(B. Owens, C. François et V. Buggy.)
6. J'AI JOUÉ ET PUIS J'AI PERDU
(S. Curtis, C. François et V. Buggy.)
7. JE TIENS UN TIGRE PAR LA QUEUE
« I'v got a tiger by the tail »
(B. Owens et H. Howard, C. François et V. Buggy.)

1, 2, 4, 7, avec Les Reed et son orchestre.

3, 5, 6, avec Christian Chevallier et son orchestre.

Face 2 (1966)

1. J'ATTENDRAI
(Holland et Dozier et Holland, C. François et V. Buggy.)
2. AMOUREUX DU MONDE ENTIER
« Lovers to the world unite »
(R. Greenaway et Cook, Claude François et V. Buggy.)
3. SUR LE BANC 21
« Bench nº 3 at Waterloo station »
(Filter de luxe, C. François et V. Buggy.)
4. MISS FELICITY GRAY
((J. Stewart et G. Langley, Claude François et V. Buggy.)
5. CHACUN A SON TOUR
« Gone from my mind »
(Les Reed, Claude François et V. Buggy.)
6. WINCHESTER CATHEDRAL
(G. Stephens, C. François et V. Buggy.)

1, 3, 4, 6, avec accompagnement d'orchestre.

2, 5, avec Les Reed et son orchestre.

DISQUE 5 (9199 757)

Face 1 (1967)

1. MAIS QUAND LE MATIN
(E. Charden, G. Thibaut et C. François.)
2. TOUTE LA VIE
« The reason why »
(G. Magenta, C. François et V. Buggy.)
3. CAR... TOUT LE MONDE A BESOIN D'AMOUR
« Baby I need your loving »
(B. Holland, L. Dozier, E. Holland, C. François et Vline Buggy.)
4. A LA CAMPAGNE
« In the country »
(H.B. Marvin, B. Welch, B. Bennett, J. Rostill, C. François, V. Buggy.)
5. HIP HIP HIP HURRAH
(Serge Gainsbourg.)
6. QU'EST-CE QUE TU DEVIENS ?
« There's a kind of hush » (« All over the world »)
(Stephen et Les Reed, C. François, V. Buggy.)

1, 5, arrangements et direction musicale : Reg Guest.

2, 4, avec A. Greenslade et son orchestre.

3, 6, avec Les Reed et son orchestre.

Face 2 (1967)

1. PARDON
(J. Renard, C. François et G. Thibault.)
2. DANS UNE LARME
(J. Renard, C. François et G. Thibaud.)
3. IL FAUT ÊTRE DEUX
« It takes two »
(Stevenson, S. Moy, G. Thibaut et C. François.)
4. CE SOIR JE VAIS BOIRE
« Stasera mi butto »
(B. Canfora, A. Amurri, C. François et G. Thibaut.)
5. JE VEUX CHAQUE DIMANCHE UNE FLEUR
(E. Charden, C. François et G. Thibaud.)

1, 4, 6, avec Reg Guest et son orchestre.

2, 3, arrangements et direction musicale : Reg Guest.

5, avec David Whitaker et son orchestre.

DISQUE 6 (9199 758)

Face 1 (1967)

1. COMME D'HABITUDE
« My way »
(J. Revaux et C. François, C. François et G. Thibaut.)

2. LA PLUS BELLE CHOSE AU MONDE
« Massachusetts »
(M. Gibb, B. Gibb, R. Gibb, C. François et G. Thibaut.)

3. L'HOMME AU TRAINEAU
« Carrie Ann »
(G. Nash, T. Hicks, A. Clarke, C. François et G. Thibaut.)

4. RIEN RIEN RIEN
« I was made to love her »
(H. Cosby, L. Hardaway, S. Wonder, S. Moy, C. François et G. Thibaut.)

5. MA FILLE
« My guy »
(W. Robinson, C. François et G. Thibaut.)

6. LE MARTIEN
« Flowers in the rain »
(R. Wood, C. François, G. Thibaut.)

1, avec David Whitaker et son orchestre.

2, 3, 4, 5, 6, avec Reg Guest et son orchestre.

Face 2 (1968)

1. APRÈS TOUT
(J. Renard, C. François et G. Thibaut.)

2. SERRE-MOI, GRIFFE-MOI
(L. Weiss, C. François et G. Thibaut.)

3. TOI TU VOUDRAIS
(D. Vangarde, J. Kluger, J. Broussolle et C. François.)

4. DEBORAH
(V. Pallavicini et P. Conte, C. François et G; thibaut.)

5. JACQUES A DIT
« Simon says »
(E. Chiprut, C. François et G. Thibaut.)

6. AUSSI LOIN
(R. Guest, C. François et G. Thibaut.)

7. CHANTE, PLEURE
(R. Guest, P. Delanoé.)

8. PRENDS GARDE PETITE FILLE !
(J. Fuller, J. Plante.)

1, 2, 3, 4, 5, 6, 7, 8, arrangements et direction : Reg Guest.

DISQUE 7 (9199 759)

Face 1 (1968)

1. AVEC LA TÊTE AVEC LE CŒUR
   (J.-P. Bourtayre et C. François, V. Buggy et Y. Dessca.)
2. ELOISE
   (P. Ryan, C. François et V. Buggy.)
3. LES PETITES SOURIS
   (B. Russell, P. Delanoé.)
4. TE FATIGUE PAS
   (C. François et G. Thibaut.)
5. CHUT ! PLUS UN MOT
   (P. Gallender et M. Murray, Al Salvet.)

1, 3, 4, 5, orchestration et direction : Reg Guest.

2, orchestration et direction : Lou Warburton.

Face 2 (1968)

1. RESTE
   (Farina et Gaudio, J. Plante.)
2. DANS LES ORPHELINATS
   (C. François et G. Thibaut.)
3. LES MAJORETTES
   (Manston et Geller, G. Thibaut).
4. LE MAGICIEN
   (C. François.)
5. TU N'AS PAS TOUJOURS DIT ÇA
   (J.-P. Allane et C. François, V. Buggy et C. François.)
6. MONSIEUR LE BUSINESSMAN
   (R. Stevens, J. Plante.)

1, 2, 3, 4, 5, 6, orchestration et direction : Reg Guest.

DISQUE 8 (9199 760)

Face 1 (1968)

1. UN MONDE DE MUSIQUE
(C. François, R. Bernet.)
2. RÊVERIES
« Daydream »
(R. Vincent, S. Van Hollman, D. Mackay, J. Martin, J. Plante.)
3. UNE PETITE FILLE AUX YEUX ROUGES
(J.-P. Bourtayre, V. Buggy et C. François.)
4. UN JOUR OU L'AUTRE
(C. François, J. Plante.)
5. LE TEMPS QUE J'ARRIVE A MARSEILLE
(J. Webb, C. François.)
6. LES MOULINS DE MON CŒUR
(M. Legrand, Marilyn et A. Bergman, E. Marnay.)

Face 2 (1969)

1. CHERCHE
« Show me »
(J. Tex, C. François.)
2. MON CŒUR EST UNE MAISON VIDE
(J.-P. Bourtayre, C. François, V. Buggy et Y. Dessca.)
3. JEU DANGEREUX
« Games people play »
(J. South, J. Plante.)
4. COMME LES AUTRES
(J. Barnel.)
5. OU TU VEUX QUAND TU VEUX
« I'm gonna make you I love me »
(J. Ross, K. Gamble, J. Williams, J. Plante.)
6. ROULE...
(J.-C. Fogerty, V. Buggy.)

DISQUE 9 (9199 761)

Face 1 (1969)

1. TOUT ECLATE TOUT EXPLOSE
   (G. Kerr et G. Harrison, J. Plante.)
2. CHAQUE JOUR A LA MÊME HEURE
   (M. Leander, E. Segg, J. Plante.)
3. MÊME SI DEMAIN
   (C. François et J.-P. Bourtayre, C. François et J. Plante.)
4. PETIT JÉSUS
   (J. Renard et C. François, G. Thibaut.)
5. LES BALLONS ROUGES
   (E. Charden, M. Simille et M. Delancray.)
   Arrangements et direction d'orchestre : J.-C. Vannier.
6. DOUCE CANDY
   (J. Barry et A. Kim, Anngregory et C. François.)

Face 2 (1969)

1. MENTEUR OU CRUEL
   (J.-P. Bourtayre et C. François, Y. Dessca et V. Buggy.)
   Arrangements et direction d'orchestre : J.-C. Vannier.
2. TU SERAS TOUTE A MOI
   (T. Roméo, J. Plante.)
3. VIVRE QUE C'EST BON
   (E. Grant, Anngregory et C. François.)
4. LE PANTIN
   (P. Maggi et C. François, C. François.)
5. IL RESTE TOUJOURS
   (J.-P. Bourtayre et C. François, V. Buggy et Y. Dessca.)
6. UN HOMME LIBRE
   (T. James et P. Lucia, P. Plante.)
7. UNE PETITE LARME M'A TRAHI
   (H. Cochran, V. Buggy et C. François.)

DISQUE 10 (9199 762)

Face 1 (1970)

1. DIGGY LIGGY LAI ET DIGGY LIGGY LO
(J.-D. Miller, C. François et J.-M. Rivat.)
2. PARCE QUE JE T'AIME MON ENFANT
(C. François et J.-P. Bourtayre, Y. Dessca.)
3. LE MONDE EST GRAND LES GENS SONT BEAUX
(J. Cliff, E. Marnay.)
4. OLIVIER
(J. Revaux, V. Buggy.)
Orchestration et direction : Christian Chevallier.
5. LE DRAGON MAGIQUE
(Y. Lipton, J.-M. Rivat et C. François.)
6. C'EST NOËL ET J'AURAI TOUT ÇA
(C. François, V. Buggy et Y. Dessca.)

Face 2 (1970)

1. C'EST DE L'EAU, C'EST DU VENT
(A. Dona, P. Delanoé.)
2. DES ROSES DE NOËL
(M. Pelay et A. Legovic, V. Buggy et Y. Dessca.)
3. E E E – A A A
(Pinto, P. Cour.)
4. BOUM BOUM
(M. Kellem, C. François, C. Rivat.)
Orchestration : J.-C. Petit, Direction : Christian Chevallier.
5. LE PETIT CANARD
(R. Bernard, F. Gérald.)
6. L'HISTOIRE IRLANDAISE
(Curdy, J.-M. Rivat et C. François)

DISQUE 11 (9199 763)

Face 1 (1970)

1. SI DOUCE A MON SOUVENIR
(J. Hartford, C. François et J.-M. Rivat.)
2. AIDA
(D'après Gounod, arrangements : E. Charden.)
3. LE MUSÉE DE MA VIE
(A. Dona, P. Delanoé.)
4. L'ANNEAU DANS LA RIVIÈRE
(A. Dona, F. Thomas et J.-M. Rivat.)
Orchestration et direction : Christian Chevallier.
5. VIVRE AU SOLEIL
(M. Pelay, A. Legovic, C. François et V. Buggy.)
6. C'EST UN DÉPART
(J.-P. Bourtayre et C. François, C. François et Y. Dessca.)

Face 2 (1970)

1. FLEUR SAUVAGE
(C. Stevens, E. Marnay.)
2. JAMAIS UN AMOUR
« Baby take me in your arms »
(McGaulay, McLeod, Y. Dessca.)
3. QUAND RIEN NE VA PLUS
(D. Hoffman, G. Lemarchand et C. Caulier.)
4. VOUS ET MOI
(C. François et M. Luneau.)
Orchestration et direction : C. Perraudin.
5. JE DANSE
(P. De Senneville et O. Toussaint, J.-L. Dabadie.)
6. NE PARS PAS
(Saint-Preux, C. Caulier.)
Orchestration et direction : Saint-Preux.

DISQUE 12 (9199 764)

Face 1 (1971)

1. C'EST LA MÊME CHANSON
(Holland, Dozier, C. François et J.-M. Rivat.)
2. BERNADETTE
(Holland, Dozier, C. François.)
3. ANNE-MARIE
(Larriaga.)
4. LES ANNEAUX ET LES COUTEAUX
(E. Charden, J.-M. Rivat et F. Thomas.)
5. ET POURTANT LE TEMPS PASSE
(C. François et Sébastian, C. François et Michaele.)
6. LES FEMMES DE FRANCE
(C. Gautry, C. François et V. Buggy.)

1, 2, enregistrés à Detroit (Michigan) U.S.A. Produit par H. Crosby musiciens Tamla Motown.

4, 5, orchestration et direction : J.-C. Petit.

Face 2 (1971)

1. JE TE DEMANDE PARDON
(South, C. François et Y. Dessca.)
2. LES BALLONS ET LES BILLES
(A. Dona, P. Delanoé.)
3. SEULE UNE ROMANCE
(C. François, E. Marnay.)
4. JE VAIS MIEUX
(C. François.)
5. RÉVEILLE-MOI
(Holland, Dozier, C. François et C. Rivat.)
6. HEY ! HO ! C'EST IMPOSSIBLE
(Miller, C. François et C. Rivat.)

1,6, orchestre et direction : J.-C. Petit.

3, orchestre et direction : J.-P. Sabard.

4, Orchestre et direction : Ch. Chevallier.

2, 5, enregistrés à Detroit (Michigan) U.S.A. Produit par H. Crosby, musiciens Tamla Motown.

DISQUE 13 (9199 765)

Face 1 (1971)

1. IL FAIT BEAU IL FAUT BON
   (R. Greenway, E. Marnay.)
2. STOP AU NOM DE L'AMOUR
   (Holland et Dozier, E. Marnay.)
3. PLUS RIEN QU'UNE ADRESSE EN COMMUN
   (M. Pelay et A. Legovic, Y. Dessca et M. Piolot.)
4. COMME UN JOUR NOUVEAU
   (J. Cliff, M. Vendome.)
5. EN SOUVENIR
   (R. Bernard, M. Vidalin.)
   Orchestre et direction : H. Roy.
6. AIME-MOI OU QUITTE-MOI
   (Ashford, M. Vendome.)

Face 2 (1971)

1. UN PEU D'AMOUR BEAUCOUP DE HAINE
   (A. Dona, M. Mallory.)
2. COMBIEN DE RIVIÈRES
   (P. Spector, E. Marnay.)
3. DONNE UN PEU DE RÊVE
   (Edelman, M. Vendome.)
4. ET JE COURS, JE COURS
   (J. Hubbard, Y. Dessca.)
5. JE NE PENSE PLUS A TOI
   (G. Nash, M. Vendome.)
6. UN JARDIN DANS MON CŒUR
   (C. King, E. Marnay.)

DISQUE 14 (9199 766)

Face 1 (1972)

1. Y'A LE PRINTEMPS QUI CHANTE
« Viens à la maison »
(C. François et J.-P. Bourtayre, J.-M. Rivat et F. Thomas.)
2. FEU DE PAILLE
(Mc Lean, E. Marnay.)
3. POURVU QUE JE ME SOUVIENNE DU SOLEIL
(J.-P. Bourtayre, M. Vendome.)
4. VOLEURS BOHÉMIENS
(B. Stone, P. Delanoé.)
5. MERCI, MERCI BEAUCOUP
(A. Dona, M. Mallory.)
6. MAIS C'EST DIFFÉRENT DÉJÀ
(Holland et Dozier, E. Marnay.)

1, 2, 3, orchestre et direction : J.-C. Petit.
4, 5, orchestre et direction : H. Roy.

Face 2 (1972)

1. EN ATTENDANT
(C. François et M. Vendome.)
2. QUAND L'ÉPICIER OUVRE SA BOUTIQUE
(D. Vangarde, F. Thomas.)
3. JE CHANTE POUR LES GENS QUI S'AIMENT
(Cook et Greenaway, E. Marnay.)
4. ELLE EST AU BOUT DE LA NUIT
(C. Gaubert, P.-A. Dousset.)
5. JÉSUS-CHRIST SUPERSTAR
(Webber et Rice, M. Vendome.)

1, orchestre et direction : J.-C. Petit.
3, 4, orchestre et direciton : H. Roy.
2, 5, orchestre et direction : R. Donnez.

SES GRANDS SUCCÈS
(C.B.S.)

VOLUME 1 (54 544)

Face 1 (1972-1973)

1. CHANSON POPULAIRE
(N. Skorsky, J.-P. Bourtayre.)
2. SHA LA LA
(R. Carpenter, E. Marnay.)
3. J'AI ENCORE UNE MAISON
(J. Denver, E. Marnay.)
4. POUR UN PEU DE BONHEUR
(J.-C. Petit, J. Schmitt.)
5. NOTRE DERNIÈRE CHANSON ENSEMBLE
(N. Sedaka, E. Marnay.)
6. J'AI PERDU MA CHANCE
(C. François, J.-P. Bourtayre, E. Marnay.)
7. SOUDAIN IL EST TROP TARD
(J. Capaldi, E. Marnay.)
8. LE LUNDI AU SOLEIL
(P. Juvet, J.-M. Rivat, F. Thomas.)

1, 3, 4, 6, 8, avec Jean-Claude Petit et son orchestre.
2, 5, 7, avec R. Donnez et son orchestre.

Face 2 (1972-1973)

1. FILLE SAUVAGE
(S. Shirak, Y. Dessca.)
2. IMMORTELLES SONT LES FILLES
(C. François, J.-P. Bourtayre, Y. Dessca.)
3. JE VIENS DÎNER CE SOIR
(L. et P. Sebastien, Micheale.)
4. A PART ÇA LA VIE EST BELLE
(G. Fletcher, Dougflett, E. Marnay.)
5. L'AMOUR C'EST COMME ÇA
(Holland, Dozier, M. Vendome.)
6. JE T'EMBRASSE
(C. François, J.-P. Bourtayre, Y. Dessca, J.-M. Rivat.)
7. MON MENSONGE ET MA VÉRITÉ
(J. Renard, E. Marnay.)
8. NINNA NANNA
(P. Carli, J.-L. Dabadie.)

1, 2, avec M. Bernhold et son orchestre.
3, 4, 5, 6, 7, avec J.-C. Petit et son orchestre.
8, avec R. Donnez et son orchestre.

VOLUME 2 (54 555)

Face 1 (1974)

1. LE TÉLÉPHONE PLEURE
   (C. François, J.-P. Bourtayre, F. Thomas.)
2. LA MUSIQUE AMÉRICAINE
   (C. François, J.-P. Bourtayre, J.-M. Rivat.)
3. UNE FILLE SUFFIT
   (Vanguarde, E. Marnay.)
4. LA PLUS BELLE FILLE DU MONDE
   (C. Rich, E. Marnay.)
5. TU ES TOUT POUR MOI
   (T. Bell, L. Creed, E. Marnay.)
6. GENS QUI PLEURENT GENS QUI RIENT
   (A. Dona, M. Vendome.)
7. IL NE ME RESTE QU'A PARTIR
   (D. Harris, E. Marnay.)
8. TOI ET MOI CONTRE LE MONDE ENTIER
   (C. François, J.-P. Bourtayre, E. Marnay.)

1, 2, 6, 8, avec J.-C. Petit et son orchestre.

3, 4, 5, 7, avec R. Donnez et son orchestre.

Face 2 (1974)

1. LE MAL-AIMÉ
   (T. Dempsy, E. Marnay.)
2. HEUREUSEMENT TU PENSES A MOI
   (C. François, S. Shirak, J.-M. Rivat.)
3. TOUTE MA VIE JE CHANTERAI POUR TOI
   (C. François, J.-P. Bourtayre, E. Marnay.)
4. QUAND LA PLUIE FINIRA DE TOMBER
   (D. Seff, R. Seff.)
5. DE LA PEINE PAS DE CHAGRIN
   (J. Seals, Croft, M. Vendome.)
6. J'AI RETROUVÉ MA LIBERTÉ
   (R. Soja O'Brien, Decker, M. Jourdan.)
7. ON EST QUI, ON EST QUOI
   (Scott, J.-M. Rivat.)
8. LE CHANTEUR MALHEUREUX
   (M. Carceles, J.-P. Bourtayre, M. Renard, J.-M. Rivat.)

1, 3, avec R. Donnez et son orchestre.

2, 4, 5, 6, 7, 8, avec J.-C. Petit et son orchestre.

CLAUDE FRANÇOIS 13 + 3
(Flèche-Carrère)

(63 059)

Face 1

1. C'EST POUR VOUS QUE JE CHANTE
(E. Marnay.)
2. DISCO MÉTÉO
(C. François, J.-P. Bourtayre, J. Schmitt.)
3. SACRÉE CHANSON
(J. Lyne, E. Marnay.)
4. LA SOLITUDE C'EST APRÈS
(A. Popp, G. Sinoué.)
5. UNE CHANSON FRANÇAISE
(C. François, J.-P. Bourtayre, N. Skorsky.)
6. DIX-SEPT ANS
(Ian, C. François, F. Thomas.)
7. ELLES SONT JOLIES EN ANGLETERRE
(J. Fredenucci, J. Schmitt.)
8. POURQUOI TOI
(M. Carceles, C. François, E. Marnay.)

1, avec Estardy et son orchestre.
2, avec R. Donnez et son orchestre.
7, avec Guy Matteoni et son orchestre.
3, 4, 5, 6, 8, avec J.-C. Petit et son orchestre.

Face 2

1. TOUTES LES FILLES DE TON AGE
« Mandy »
(S. English, R. Kerr, D. Barbelivien.)
2. C'EST LE REGGAE
(B. Muskaer, E. Marnay.)
3. LE VAGABOND
(C. Assous, E. Marnay.)
4. EVE
(C. François, J.-P. Bourtayre, P. Delanoé.)
5. LES PLEURS SUR L'OREILLER
(Smith, P. Delanoé.)
6. DIMANCHE APRÈS-MIDI
(B. Denoff, D. Barbelivien.)
7. SALE BONHOMME
(J. Moss, E; marnay.)
8. LES ROSES, LES ANGES ET LA PLUIE
(C. François, J.-P. Bourtayre, V. Buggy.)

1, 3, 6, 8, avec J.-C. Petit et son orchestre.
2, avec J. Arthey et son orchestre.
4, accompagnement : Slim Pezin et R. Gimenes.
5, J.-P. Sabard et son orchestre.
7, M. Camison et son orchestre.

CLAUDE FRANÇOIS SOUVENIR
(Flèche-Carrère)

VOLUME 1 (67 232)

1. MAGNOLIAS FOR EVER
(C. François, J.-P. Bourtayre, E. Roda-Gil.)
2. QUELQUEFOIS
(C. François, J.-P. Bourtayre, V. Buggy.)
3. COMME UNE CHANSON TRISTE
(C. François, J.-P. Bourtayre, V. Buggy.)
4. DORS PETIT HOMME
« La chèvre grise »
(C. François, E. Marnay.)
5. UNE CHANSON FRANÇAISE
(C. François, J.-P. Bourtayre, N. Skorsky.)
6. C'EST COMME ÇA QUE L'ON S'EST AIMÉ
(C. François, J.-P. Bourtayre, V. Buggy.)
7. CETTE ANNÉE-LA
(B. Gaudio, E. Marnay.)
8. LE VAGABOND
(C. Assous, E. Marnay.)
9. ET JE T'AIME TELLEMENT
(McLean, C. François.)
10. MA MEILLEURE AMIE
(Hollyfield, C. François, V. Buggy.)

1, avec Jean-Claude Petit et R. Gimenes et son orchestre.
2, 3, 4, 5, 6, 7, 8, 9, avec Jean-Claude Petit et son orchestre.
10, avec Slim Pezin et son orchestre.

VOLUME 2 (67 233)

1. ALEXANDRIE ALEXANDRA
(C. François, J.-P. Bourtayre, E. Roda-Gil.)
2. POURQUOI PLEURER
« Sur un succès d'été »
(W. Rostill, F. Thomas.)
3. TOI ET LE SOLEIL
« I can see clearly now »
(J. Nash, E. Marnay.)
4. LAISSE UNE CHANCE A NOTRE AMOUR
(Biddu, E. Marnay.)
5. DANS MA VIE
(C. François, J.-P. Bourtayre, P. Delanoé.)
6. JE VAIS A RIO
« I go to Rio »
(P. Alen, E. Marnay.)
7. EVE
(C. François, J.-P. Bourtayre, P. Delanoé.)
8. DIX-SEPT ANS
(Ian, C. François, F. Thomas.)
9. SALE BONHOMME
(J. Moss, E. Marnay.)
10. DES PLEURS SUR L'OREILLER
(Smith, P. Delanoé.)

1, avec R. Donnez et son orchestre.
2, accompagnement Guy Matteoni et H. Roy.

3, 4, 5, 6, 8, avec J.-C. Petit et son orchestre.

7, accompagnement Slim Pezin, R. Gimenes...
9, avec M. Camison et son orchestre.
10, avec J.-P. Sabard et son orchestre.

VOLUME 3 (67 327)

1. ÉCOUTE MA CHANSON
(T. Cotugno, Pattaviccini, Y. Dessca.)
2. JE VAIS A RIO
(P. Allen, E. Marnay.)
3. LA SOLITUDE C'EST APRÈS
(A. Popp, G. Sinoué.)
4. POURQUOI PLEURER
Sur un succès d'été
(W. Rostill, F. Thomas.)
5. ALEXANDRIE ALEXANDRA
(C. François, J.-P. Bourtayre, E. Roda-Gil.)
6. CETTE ANNÉE-LA
(B. Gaudio, E. Marnay.)
7. C'EST COMME ÇA QUE L'ON S'EST AIMÉ
(C. François, J.-P. Bourtayre, V. Buggy.)
8. RUBIS
« Guava Jelly »
(B. Marley, E. Roda-Gil.)
9. MAGNOLIAS FOR EVER
(C. François, J.-P. Bourtayre, E. Roda-Gil.)
10. COMME UNE CHANSON TRISTE
(C. François, J.-P. Bourtayre, V. Buggy.)

1, avec N. Ingman et son orchestre.
2, 3, 6, 7, 10, avec J.-C. Petit et son orchestre.
4, avec Guy Matteoni et H. Roy et son orchestre.
5, avec R. Donnez et son orchestre.
8, avec Slim Pezin et son orchestre.
9, accompagnement Jean-Claude Petit et R. Gimenes.

VOLUME 4 (67 448)

1. C'EST POUR VOUS QUE JE CHANTE
« La Claire Fontaine »
(Trad., E. Marnay.)
2. C'EST LE REGGAE
(Bugatt et Muskaer, E. Marnay)
3. L'AMOUR VIENT L'AMOUR VA
(R. Bacon, L. Gold, E. Marnay.)
4. POURQUOI TOI
(M. Carceles, C. François, E. Marnay.)
5. CHAQUE VISAGE DIT UNE HISTOIRE
« Every face tells a stroy »
(Allison, Sillis, Blake, E. Marnay.)
6. ET JE T'AIME TELLEMENT
(McLean, C. François.)
7. EVE
(C. François, J.-P. Bourtayre, P. Delanoé.)
8. SACRÉE CHANSON
(J. Lyne, E. Marnay.)
9. LES ROSES, LES ANGES ET LA PLUIE
(C. François, J.-P. Bourtayre, V. Buggy.)
10. DISCO MÉTÉO
(C. François, J.-P. Bourtayre, J. Schmitt.)

1, avec Estardy et son orchestre.
2, avec J. Arthey et son orchestre.
3, 5, 6, 8, 9, avec Jean-Claude Petit et son orchestre.
4, accompagnement Slim Pezin, R. Gimenes.
7, accompagnement R. Gimenes.
10, avec R. Donnez et son orchestre.

CLAUDE FRANÇOIS
SES PLUS GRANDS SUCCÈS
(C.B.S.)

(82 023)

Face 1

1. LE TÉLÉPHONE PLEURE
   Avec Frédérique Barkoff
   (C. François, J.-P. Bourtayre, F. Thomas.)
2. LA MUSIQUE AMÉRICAINE
   (C. François, J.-P. Bourtayre, J.-M. Rivat.)
3. LE MAL-AIMÉ
   (T. Dempsy, E. Marnay.)
4. LE LUNDI AU SOLEIL
   (P. Juvet, J.-M. Rivat, F. Thomas.)
5. SOUDAIN IL NE RESTE QU'UNE CHANSON
   (T. Bell, P. Hurtt, J.-M. Rivat.)
6. JE VIENS DÎNER CE SOIR
   (L. et P. Sebastien, Michaele.)

1, 2, 4, 5, 6, avec Jean-Claude Petit et son orchestre.
3, avec R. Donnez et son orchestre.

Face 2

1. CHANSON POPULAIRE
   (N. Skorsky, J.-P. Bourtayre.)
2. LE CHANTEUR MALHEUREUX
   (M. Carceles, J.-P. Bourtayre, M. Renard, J.-M. Rivat.)
3. BELINDA
   (D. Parton, E. Marnay.)
4. TOI ET MOI CONTRE LE MONDE ENTIER
   (C. François, J.-P. Bourtayre, E. Marnay.)
5. SHA LA LA
   (R. Carpenter, E. Marnay.)
6. FILLE SAUVAGE
   (S. Shirak, Y. Dessca.)

1, 2, 3, 4, avec Jean-Claude Petit et son orchestre.
5, 6, avec M. Bernhold et son orchestre.

SOUVENIRS 78
CLAUDE FRANÇOIS EN PUBLIC
(Flèche-Carrère)

DOUBLE ALBUM (67 235 - 67 236)

Face 1

1. LAISSE UNE CHANCE A NOTRE AMOUR
(Biddu, E. Marnay.)
2. STOP AU NOM DE L'AMOUR
(Holland, Dozier, E. Marnay.)
3. LE VAGABOND
(C. Assous, E. Marnay.)
4. QUELQUEFOIS
(C. François, J.-P. Bourtayre, V. Buggy.)
5. JE VAIS A RIO
(P. Allen, E. Marnay.)

Face 2

1. TOI ET LE SOLEIL
(J. Nash, E. Marnay.)
2. C'EST COMME ÇA QUE L'ON S'EST AIMÉ
(C. François, J.-P. Bourtayre, V. Buggy.)
3. SALE BONHOMME
(J. Moss, E. Marnay.)
4. DIX-SEPT ANS
(Ian, F. Thomas, C. François.)
5. CETTE ANNÉE-LA
(B. Gaudio, E. Marnay.)

Face 3

1. COMME D'HABITUDE
(J. Revaux, C. François.)
2. RÊVERIES
(R. Vincent, Van Hollman, D. Mackay, J. Martin.)
3. QUAND UN BATEAU PASSE
(H. David, B. Bacharach, C. François, V. Buggy.)
4. DONNA DONNA
(S. Secunda, C. François.)
5. SI J'AVAIS UN MARTEAU
(L. Hays, Seeger, C. François, V. Buggy.)
6. ET JE T'AIME TELLEMENT
(McLean, C. François.)

Face 4

1. MAGNOLIAS FOR EVER
(C. Francois, J.-P. Bourtayre, E. Roda-Gil.)
2. ALEXANDRIE ALEXANDRA
C. François, J.-P. Bourtayre, E. Roda-Gil.)
3. J'ATTENDRAI
(Holland, Dozier, C. François.)
4. C'EST LA MÊME CHANSON
(Holland, Dozier, C. François, J.-M. Rivat.)

Avec l'orchestre « Les Flèches »

TABLE DES MATIÈRES

33624. - Imprimeries Delmas, Artigues-près-Bordeaux (Dépôt légal : mars 1985).